大众体育系列

滑轮 滑板 体育舞蹈

刘桂萍◎编

合肥工业大学出版社
HEFEI UNIVERSITY OF TECHNOLOGY PRESS

图书在版编目（CIP）数据

滑轮、滑板、体育舞蹈/刘桂萍编．—合肥：合肥工业大学出版社，2016．7
（大众体育系列）
ISBN 978－7－5650－2876－2

Ⅰ．①滑…　Ⅱ．①刘…　Ⅲ．①滑轮滑冰－青少年读物　②滑板运动－青少年读物　③体育舞蹈－青少年读物　Ⅳ．①G862．8－49　②G888．6　③G831．3－49

中国版本图书馆CIP数据核字（2016）第164628号

滑轮、滑板、体育舞蹈

刘桂萍　编　　　　责任编辑　马成勋　张惠萍

出　版	合肥工业大学出版社	版　次	2016年7月第1版
地　址	合肥市屯溪路193号	印　次	2017年1月第1次印刷
邮　编	230009	开　本	710毫米×1000毫米　1/16
电　话	总　编　室：0551－62903038	印　张	10
	市场营销部：0551－62903198	字　数	185千字
网　址	www.hfutpress.com.cn	印　刷	三河市燕春印务有限公司
E-mail	hfutpress@163.com	发　行	全国新华书店

ISBN 978－7－5650－2876－2　　　　定价：23.00元

前　言

青春时尚运动是随着社会文化与经济的发展，产生的一系列富有朝气、充满挑战、张扬个性、时尚青春的运动。它们的出现，激起了亿万青少年的运动热情，丰富了青少年阳光快乐体育的内容与手段。

为了更好地指导中小学参加课外体育运动，正确地学习和使用青春时尚运动的器材，形成正确的体育观念，培养终身运动的观念，本书从各个青春时尚运动项目的起源发展、场地器材、基础入门技巧、运动保健知识、安全注意事项、对青少年的价值、如何欣赏体育运动等方面给同学们带来详细的解答。

青少年是国家的未来、民族的希望，他们身心健康、人格健全是每一个家长和老师的愿望，也是素质教育所追求的重要目标。我们将把此书献给广大青少年，衷心地希望本书能够提高他们参与体育运动的兴趣，使他们体验到体育运动的快乐，为他们的学习、生活增添一道亮丽的风景线。

目　录

第一章　概　述

当今社会，人们的物质生活水平得到了极大的提高，人们选择的机会也越来越多，特别对青少年，大众的、传统的运动项目已经不能展示他们的个性和风格。为了追求刺激、张扬个性、享受快乐，越来越多的男生选择了轮滑、滑板等极限运动作为自己的平台，而越来越多的女生则选择具有节奏感和美感的体育舞蹈作为展示自己的平台。

一、青春时尚运动的时代特征

青春时尚运动是随着经济的不断发展和社会的不断进步而变化的。在中国唐朝，当时贵族的时尚运动是马球；到了宋朝，贵族开始喜欢玩蹴鞠了。而作为21 世纪的新新人类，我们都喜欢玩一些什么运动呢？轮滑、滑板、体育舞蹈等等肯定有一项是你喜欢的运动吧，本书主要给大家介绍关于轮滑、滑板、体育舞蹈和校园集体舞等新时期最受青少年喜爱的一些运动。

二、青春时尚运动的特点

1. 个性化

每个人的性格是不一样的，通过体育运动完全可以展示出来。喜欢冒险、刺激的同学会选择滑板和轮滑作为自己的运动项目；喜欢艺术和美感的同学就会选择体育舞蹈作为自己的运动项目。在运动中，同学们可以充分发挥自己的特色，张扬自己的个性，充分展示自己的魅力。

图 1 – 1

图 1 – 2

2. 趣味性

滑板运动的惊险、刺激和体育舞蹈的节奏美，无不是吸引少年儿童的兴趣所在。时尚运动正是由于其自己特有的趣味性特点，不断吸引着青少年加入到其中来。

图 1－3

图 1－4

3. 时尚性

和传统大众体育相比，时尚运动是最近几年或者几十年刚刚兴起的运动，它是随着现代社会的发展而产生的，是流行文化的产物，代表着最新的流行方向。

图 1－5

图 1－6

4. 教育性

在运动中，同学们可以学会勇敢、坚强，学会自己面对困难、解决困难，在挫折中不断吸取经验教训，不断总结经验教训，不断走向成熟。

三、项目种类介绍

（一）轮滑运动

轮滑（Roller skating）又名滚轴溜冰，是一种利用特别的轮滑鞋为比赛工具的竞赛项目，也是一种日常消闲的体育活动。今日多数的滚轴溜冰者主要都使用直排轮，又称刷刷（直排旱冰爱好者对这项运动的别称，来源于溜冰中轮子和地面摩擦时所发出的声音。也称溜冰鞋为“刷子”，称在马路上溜冰为“刷街”），因此直排轮也几乎成了轮滑运动的代名词。

轮滑是一项休闲运动，但同时也是体育竞技项目，随着它的不断完善，目前已形成多项轮滑竞技项目，包括速度轮滑、轮滑球、花样轮滑、极限轮滑，奥运会已出现轮滑的身影了。

图 1－7

（二）滑板运动

滑板运动是极限运动历史的鼻祖，许多极限运动均由滑板运动延伸而来。20世纪50年代末60年代初，由冲浪运动演变而成的滑板运动，已经广泛流行于世界各地。滑板运动由于其有着特殊的优点，受到越来越多的年轻人的喜爱。

滑板运动富于刺激，有一定的危险性，需要有一些冒险精神。因此敢于学滑板是一种挑战，能滑好它，能驾驭它，则能表现自己的勇敢无畏。

滑板用得最多的一个动作是跳，少年儿童的骨骼没有完全长成，此时人体的正压力，即腾跳，对人长高是有帮助的。玩滑板可以锻炼人的平衡、协调能力，当滑板者在带板腾空时，前后脚在时间上协调反应，此时全身肌肉都协助平衡，可以促进少年儿童的生长发育。玩滑板还可以锻炼人的想象力，有的动作是要靠滑板者想象去发展和探索的，对少年儿童来说是极好的锻炼。

图 1－8

（三）体育舞蹈

国际标准舞（International Standard）简称国标舞，或称国际标准交谊舞，又称体育舞蹈（Dancesport），是由社交舞（Ballroom Dance，或称舞厅舞）发展而来的一种竞技舞蹈。

摩登舞（Modern Dance）包括华尔兹、维也纳华尔兹、探戈、狐步和快步舞。

拉丁舞（Latin Dance）包括伦巴、恰恰、桑巴、捷舞和斗牛舞。

每个舞种均有各自的舞曲、舞步及风格。根据各舞种的乐曲和动作要求，组编成各自的成套动作。

国际标准舞起源于古代土风舞，经历对舞、圈舞、行列舞、集体舞等演变过程，并与欧洲贵族在宫廷举行的交谊舞会结合，成为流传广泛的社交舞。法国大革命后民间开始流行。第二次世界大战后，美国人将该舞蹈散播到全球各地。

图 1－9

第二章 轮滑运动

第一节 轮滑运动的起源和发展

一、轮滑运动的起源和发展

轮滑运动是一项历史悠久的体育活动，它的产生经历了相当长而又曲折的历史过程。

早期的荷兰，人们非常喜欢穿着冰鞋顺着冰封的河道旅行。有这么一位滑冰爱好者，他为了能够在夏天继续自己滑冰旅行的愿望，于是将木头的滚轴安装在自己的鞋子下面，这样就能够在地面上滑行，当时就把这种新式的能够在干燥地面上滑行的鞋子取名为“旱冰鞋”。

图 2－1

1760 年，第一次有记录的轮滑鞋是一位伦敦的乐器制造商约瑟夫·默林发明的，在一次盛大的化装舞会上，默林穿着自己新发明地带着铁轮的鞋子，打算一边拉着小提琴，一边潇洒地滑行进入舞厅，但是这位“轮滑鞋之父”没有考虑到一件事情，那就是如何让鞋子稳稳当当地停下来，结果撞上了舞厅墙上的一面巨大的镜子，后果可想而知。

1863 年，美国纽约的詹姆斯重新设计了金属轮子新式轮滑鞋，这种鞋子就是现在还在使用的双排轮鞋，它以其便于转弯、灵活自如、滑行起来速度更快更安全得到了人们的欢迎。

1866 年，詹姆斯在纽约投资开办了第一个室内轮滑场，并组织纽约轮滑运动协会，首次将轮滑运动正式列入体育运动的正式比赛项目。

图 2－2

图 2－3　　图 2－4　　图 2－5

1979 年，美国的冰球运动员奥尔森兄弟俩采用现代材料，用聚氨酯做轮子，将其安装在冰球鞋下面，制作了现代的单排轮滑鞋。

1984 年，Rollerblade 公司开始研发各种不同性能、不同用途的轮滑鞋，1994 年更把 ABT 简易煞车系统带入市场，使得单排轮运动不只限制于竞技比赛，而且还加入了大量技巧表演，使得轮滑成为一项非常时尚的休闲运动。

二、我国轮滑运动开展较晚

19 世纪轮滑运动传入中国，当时仅限于沿海个别城市，只作为娱乐活动。

19 世纪 80 年代初期我国才有正式比赛出现。目前，速度轮滑、花样轮滑在我国群众中间发展很快，已经成为群众最喜欢的运动之一。据不完全统计，全国已经有将近 1000 万的人在参与这项运动。

2010 年广州亚运会已经将速度轮滑和花样轮滑作为正式比赛项目，这对轮滑运动在我国的发展具有重要的里程碑意义。

图 2 – 6

第二节　轮滑运动的分类

轮滑是一项休闲运动，但同时也是竞技项目，随着它的不断完善，目前已形成多项轮滑竞技项目，目前奥运会已出现轮滑的身影了，亚运会已经将轮滑正式作为竞赛项目。现代轮滑运动分为速度轮滑、花样轮滑、轮滑球、极限轮滑等。

1. 速度轮滑（Speed skating）

速度轮滑竞技比赛是其中的一个项目，其中包括场地赛，公路赛等。与其他轮滑的区别主要表现在其速度和专业配置。为了提高速度，其轮子相对较大，并相对多 1 ~ 2 轮子。

图 2－7

图 2－8

2. 花样轮滑（Artistic roller skating）

花样轮滑分为单人、双人轮滑舞和圆形轮滑舞（规定动作）。根据动作的难易程度、舞姿的优美程度打分确定胜方。

图 2－9

图 2－10

3. 轮滑球（Roller hockey）

该项运动起源于 1896 年的英格兰，是一项不直接接触球的运动。比赛队员穿着双排轮或单排轮进行比赛。双方各出 5 人在 44 米 ×22 米的场地上进行比赛，规则类似冰球，但不允许身体冲撞或阻挡，一场比赛为 2～3 节，每节 15～20 分钟，进球多者为胜方。

图 2－11

图 2－12

4. 极限轮滑（Aggressive skating）

包括街区和 U 型池，极限轮滑利用街区的各种建筑及地形和 U 型池做各种惊险、复杂、刺激的动作。它是竞技轮滑中最吸引人的一个项目。

图 2－13

图 2－14

第三节　轮滑场地与轮滑运动装备

场地和器材是轮滑运动开展的前提条件，轮滑场地包括专业的轮滑场地和非专业的轮滑场地。轮滑器材包括轮滑鞋、护具、轮滑服等。

一、轮滑场地

（一）专业轮滑场地

1. 速度轮滑的场地

速度轮滑室外场地一般有水泥、塑胶、沥青等地面，室内一般是硬木地板。跑到成椭圆形，周长一般不少于125米、不超过400米，宽度不少于5米。

图2－15

图2－16

2. 花样轮滑的场地

花样轮滑比赛场地一般设在室内，地面以平整、光滑的硬木地板为最佳。场地的长度不少于50米，宽不少于25米。

图2－17

图2－18

3. 轮滑球比赛场地

轮滑球比赛场地是44米×22米的长方形。轮滑球传统的比赛地面一般为平整坚硬的水泥、木或砖面地板，但在欧美悬浮式拼装地板已经成为轮滑球赛事的专用地板。

图 2－19

图 2－20

4. 极限轮滑比赛场地的建设

极限运动场的设计与施工是一项相当专业的技术，极限运动场基本由平台、1/4 圆管、斜坡及半管等组成。在极限运动场设计与制作方面，最重要的就是要考虑到完成度、安全性、强度耐久性、功能性、材质等。

图 2－21

图 2－22

（二）非专业轮滑场地

轮滑爱好者平时使用的轮滑场地并没有特殊的条件限制，只要是平坦的地面（水泥地面、大理石地面、塑胶地面等），广场、公园、楼下院子都可以。

图 2－23

图 2－24

初学者选择场地必须注意以下几点：

① 场地上不能有水。大家记住一点，水是轮滑鞋的“克星”。因为轮子沾上水后容易打滑，轴承沾上水后容易生锈，为了心爱的轮滑鞋，请远离水吧。

② 在练习之前检查场地上有没有小的碎石、树枝、塑料袋、裂缝等。细节决定成功，当你不注意的时候这些小小的障碍可能就会让你摔个大大的跟头。

③ 初学者练习时应远离场地周边的阶梯、板凳等有棱角的东西。

④ 珍惜生命，远离马路。和汽车相比，轮滑的安全系数等于0。

二、轮滑装备

（一）轮滑鞋

1. 老式轮鞋欣赏

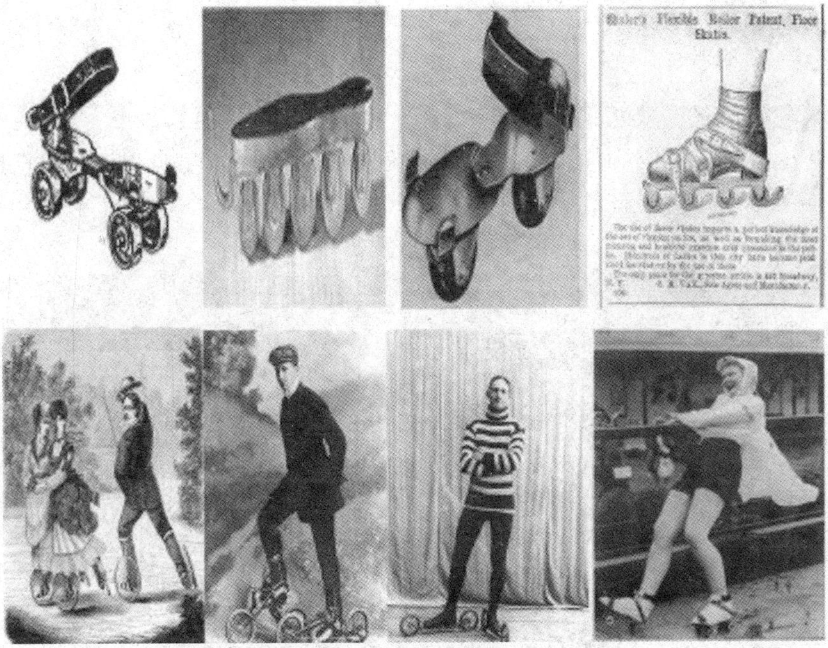

图 2－25

2. 现代轮滑鞋

（1）现代轮滑鞋的构造

轮滑鞋由鞋体（鞋壳、内套）、刀架、轮子、轴承四部分组成。

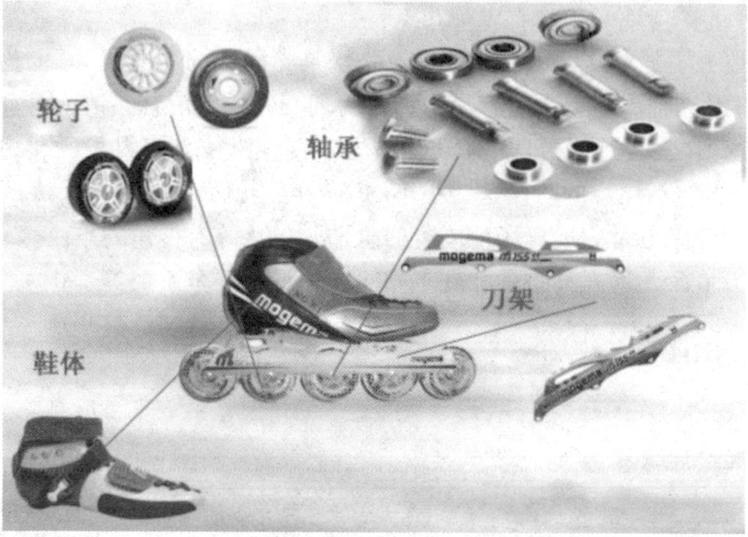

图 2－26

（2）轮滑鞋的分类

根据轮滑鞋的不同用途，将轮滑鞋分为休闲轮滑鞋、直排平花鞋、直排速滑鞋、特技鞋、花样轮滑鞋等。

①休闲轮滑鞋

图 2－27

②直排平花鞋

图 2－28

③直排速滑鞋

图 2－29

④特技鞋

图 2－30

⑤花样轮滑鞋

图 2－31

3. 轮滑鞋的选购

如何选择一双自己喜欢又适合的轮滑鞋，应该注意以下几点：

①用途：对于初学者和学习轮滑只是为了休闲、健身的，建议购买休闲轮滑

鞋；喜欢玩一些花式、做一些难度高的动作的，建议买平花鞋：追求速度，要参加速度轮滑比赛的，建议购买速滑鞋；追求惊险刺激、挑战自我的，建议购买极限鞋。

②内套：海绵要厚，有弹性，穿起感觉对的脚的包覆性好，舒适。

③鞋壳：设计科学，符合人体工学原理，鞋帮处要硬，才能有效固定和保护踝关节。

④刀架：最好用铝制刀架，硬度较高，韧性也很好，适合高强度的动作变换。

⑤轮子：选择有一定的弹性、滑行起来没有声音、续滑时间长的轮子。

（二）护具

溜冰不可避免要摔跤，特别是初学者。护具是为了有效保护轮鞋使用者在摔跤时出现伤害事故，根据人体解剖特点设计的。它包括头盔、护肘、护腕、护膝、手套等。

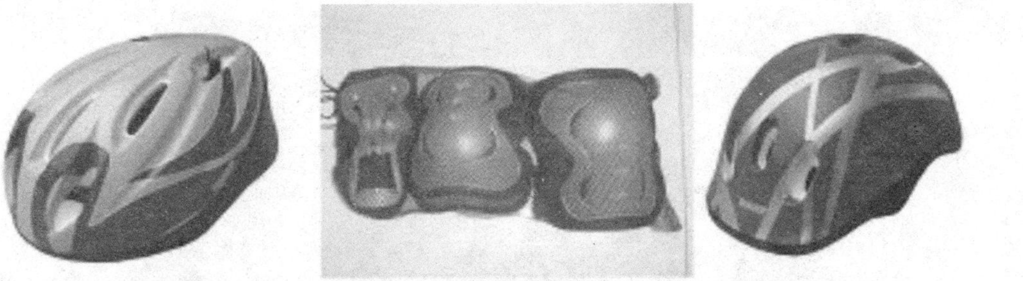

图 2－32

轮滑鞋及护具的穿戴顺序：

先戴头盔，之后的穿戴顺序依次为：戴护肘、护膝，穿鞋，最后戴护腕。脱的时候倒过来，先脱护腕，最后脱头盔。

这个穿戴顺序是有讲究的：先戴头盔，因为头部是重点保护对象；护腕最后才戴，是因为双手要穿戴其他护具及穿鞋，先戴上护腕会带来不便。

（三）其他轮滑玩法介绍

轮滑运动经过几百年的发展，轮滑运动的玩法已经变得多种多样，目前世界上流行的轮滑玩法还有以下这些：

1. 刷街（Fitness skating）

它是很多轮滑爱好者最喜爱的轮滑运动形式，向鱼一样在大街上穿梭来往，非常张扬个性。但强调一点，刷街最好在没有车辆的街道上，在专人组织下进行。

图 2－33

图 2－34

2. 自由式轮滑（Free skating）

一种很新的轮滑项目，在欧洲出现也不过几年时间。其主要灵感来源是刷街的速度与极限轮滑的技巧，并结合了速降、速滑、特技轮滑等特点，是一种全新的、反映现代轮滑发展的新玩法。它在欧美已经成为一种都市轮滑精神的象征。

图 2－35

3. 速降（Down hill）

从名字上来看就知道其应该是从一个高山上快速滑向山下终点的过程。其风险系数及其难度系数，哪怕是对于一个比较熟练的速滑选手来说也是一种挑战。从高山上冲下的速度常常可达到 70～80 千米/时，对于非专业的选手来说，较难承受这样的快速度。就其装备而言，一般都采用速度装备，另外比赛时需要戴上头盔以及全套护具。

图 2 - 36

图 2 - 37

4. 跳跃（Jump skating）

其包括：花样跳跃、特技跳跃、高台跳跃、跳水等。

图 2 - 38

图 2 - 39

5. 平地花式（Slalom skating）

它是指穿着轮滑鞋在固定数量的标准桩距离间做无跳起动作的各式连续滑行。其包括花式绕庄和速度绕庄两类。

图 2-40

图 2-41

6. 轮滑篮球（Basket skating）

轮滑篮球起源于美国，一般是 3～4 人在篮球场进行竞技性的比赛。就技术而言，这项运动对于瞬间急停有较高要求。

图 2-42

图 2-43

7. 刹停技术（Slide skating）

刹停技术有时候也称为平地刹停（Cess Slide）。其目的是为了在不同情况下，短时间内停下来。

图 2 -44

图 2 -45

8. 分离式轮滑（Step - in skating）

分离式轮滑使用的轮滑鞋同其他的不同之处在于，其设计来源于滑雪橇的鞋身与雪橇可以分离的理念，因此用于分离式轮滑的轮滑鞋鞋身与底座是可以分离的。

图 2 -46

图 2 -47

9. 牵引轮滑（Towed skating）

这是一种近乎疯狂的轮滑运动，指的就是把持着机动车辆（汽车、摩托车、机动脚踏两用车等）在其后面滑行。这是一项危险系数很高的轮滑运动，虽然其带来了飞快的速度，但是万一技术失误，所面临的后果也是很严重的。其轮滑鞋也比较特殊，轮子类似于汽车轮胎。

图 2－48

10. 轮滑舞蹈（Dance skating）

这样的舞蹈结合了轮滑与街舞等舞蹈之特点，其在技术上对于体能、轮滑基本功、轮舞的基本舞步有较高要求。

图 2－49

图 2－50

11. 越野轮滑（Off－road skating）

这样的轮滑鞋一般只有 3 个轮子，其鞋身全是类似于极限鞋的硬合成材料，这主要是为了适合越野、保护脚而设计的。

图 2 – 51

图 2 – 52

12. 摩托轮滑（Motorized skating）

摩托轮滑其实是由经过大力改进的发动装置和手把组成，其中手把还装有开关显示、截流阀和制动鼓的控制器。车身是不锈钢的，手把是铝制的。此外，摩托轮滑还有一个 ABEC 标准的实心导向后轮。

图 2 – 53

图 2 – 54

13. 法国轮滑机器人（Robot skating）

法国巴黎的一名学生 Jean – Yves Blondeau 发明了一款带有 31 个轮子的轮滑服，几乎可以用任何姿势来滑行，犹如变形金刚般任意改变动作，时速约有

96.51 千米（60 英里），被称作轮滑人。

图 2－55

图 2－56

注意点：以上很多轮滑的玩法并不适合青少年，如极限轮滑、跳跃、速降、越野。推荐的项目有平花、轮滑舞蹈、花样轮滑、速滑。

第四节　轮滑运动的特点

现在，轮滑运动普及和发展非常的迅速，在全球范围内受到了各个年龄阶段的人们的欢迎。在公园、广场、小区随处都能看到脚踏“风火轮”的身影。之所以轮滑运动能够发展得这么普及和迅速，是和该项目的特点分不开的。

1. 普及性强

轮滑鞋款式多样，风格各异，价位合理，适合各年龄阶段不同人群的选择。轮滑技术的入门非常简单，对初学者的门槛很低。上到 80 岁的老大爷，下到三四岁的小娃娃都可以学习轮滑。

图 2－57

图 2－58

2. 趣味性强

对小朋友来说他们都喜欢看动画片哪吒，其中哪吒脚踏风火轮的形象一定会引起他们的向往，现在穿起轮滑鞋，就可以像哪吒那样“风风火火、飞过来、飞过去”一定会感觉非常的有趣。

图 2－59

图 2－60

3. 观赏性强

平地花式轮滑在庄间的“闪转腾挪”、速度轮滑的飞速驰骋、特技轮滑的惊险刺激、花样轮滑的翩翩舞姿，都能令人赏心悦目、叹为观止。

图 2－61

图 2－62

4. 工具性

轮滑运动相较于其体育运动来说，有一个特殊的用途，那就是它可以作为一种交通工具出现在人们的生活中。全球气候变暖的今天，社会各个行业都在提倡节能减排，轮滑以其穿着方便、使用容易、易于携带、绿色环保等优点，在城市交通越来越拥挤的今天，穿着轮滑鞋出行不失为一种选择。

图 2－63

图 2－64

5. 融合性强

轮滑运动融健身、娱乐、技巧、艺术、惊险、时尚、教育于一体。年轻人学习轮滑能够张扬个性，表现自己；成年人学习轮滑能够强身健体，保持年轻的心态。

图 2－65

图 2－66

第五节　轮滑入门基本技术与技巧

轮滑运动是一项技巧性非常高的项目，速度轮滑的风驰电掣、花样轮滑的翩翩起舞、极限轮滑的跌宕起伏，看得我们热血沸腾。但是，任何一名技术高超的选手，都和他们扎实的基本功分不开。下面我们一起来学习在轮滑运动中，最基本的技术也是最重要的技术是如何练成的。

一、休闲轮滑技巧

（一）站立及保持平衡

初学者穿上轮滑鞋后首先要从原地站立及保持平衡学起。因为轮滑鞋下面的轮子在没有受到控制的情况下会前后滚动，如果平衡没有找到，很容易摔跤。

1. 八字站立

图 2－67

图 2－68

技术要点：两脚成八字形，脚后跟用力加紧，两眼目视前方，身体放松。

2. 保持平衡

技术要点：站立时身体放松，两眼平视前方，大腿用力把脚控制住，不要让轮滑鞋滑动。

（二）跌倒防护

初学者在练习开始阶段跌倒是很正常的，但是为了保证在跌倒的时候不受伤，必须要学会如何摔跤。摔跤时最好是向前摔，避免向后摔，以免摔伤头部。

图 2－69

图 2－70

图 2－71

图 2－72

图 2－73

图 2－74

技术要点：

①小手指要翘起，以免戳到手指头。

②头要抬起，不要低头，以免擦到脸。

③身体要团在一起，躯干用力。摔倒的时候要慢慢往下蹲。

④摔倒的时候一定要慢慢地降低重心，让身体尽可能地接近地面再摔。

⑤跌倒后站立。

图 2 – 75

图 2 – 76

图 2 – 73 为上身保持正直；图 2 – 74、图 2 – 75 为抬起左脚，双手放在左腿膝盖上，双手手心向下用力撑起，同时双脚向下用力蹬地；图 2 – 75 为站起后身体姿态，八字站立。

（三）基本滑行

1. 八字滑行

图 2 – 77

图 2 – 78

图 2－79

图 2－80

技术要点：

①原地动作，在八字站立的基础上，做两脚交替抬起的原地抬脚练习，然后过渡到内八字步抬脚练习。在熟悉的基础上，人体自然而然就可以滑行了。

②行进间动作，双脚成外八字，身体重心左右脚交替，单脚侧蹬地面推动支撑脚向前滑行。

2. 前葫芦

图 2－81

图 2－82

图 2－83

图 2－84

图 2－85

图 2－86

技术要点：

①目视前方，两脚成八字形站立，双手侧平举，膝盖微曲，重心下降。

②脚跟发力，同时向两侧推动前进。

③在前进过程中，双脚要同时均匀发力，两脚保持同时前进。

④在前进过程中，当两脚的前端第一个轮子超过角标后，双脚脚踝同时内旋，收脚成内八字，膝盖伸直，完成动作。

3. 后葫芦

图 2－87

图 2－88

图 2－89

图 2－90

图 2－91

图 2－92

技术要点：

①目视前方，两脚尖靠拢，脚跟分开，成八字形站立，双手侧平举，膝盖微曲，重心下降。

② 两手从侧平举转到前后举，头部顺势从后边手的方向向下看，膝盖微屈，重心降低。

③脚跟发力，同时向两侧推动前进。

④在前进过程中，双脚要同时均匀发力，两脚保持同时前进。当两脚的后端第一个轮子超过角标后，双脚脚踝同时内旋，收脚成内八字，膝盖伸直，完成动作。

4. 单脚直线

图 2 -93

图 2 -94

图 2 -95

图 2 -96

技术要点：（以右脚为例）

①准备阶段，八字滑行向前（如图 2－97）。

②两脚靠拢，平行向正前方滑行，膝盖微屈，重心向右脚慢慢交替（如图 2－98）。

③重心完全放在右脚上，左脚自然抬起。双手成侧平举，保持身体正直（如图 2－99）。

5. 两轮滑行

两轮滑行即前后轮滑行（如图 2－100）。

图 2－97

图 2－98

图 2－99

图 2－100

6. 双前轮滑行

图 2－101

图 2－102

图 2－103

图 2－104

技术要点：

前膝伸直，后膝弯曲，两膝前后靠拢，重心置于两腿之间。用两脚前后一颗轮子发力。前脚注意把握转动方向。

7. 前剪

图 2－105

图 2－106

图 2－107

图 2－108

技术要点：（以右脚在前为例）

①双脚前进，先做一个前葫芦，接右脚前左脚后，双脚交叉。

②左右脚成前后状态压外刃向前滑行，重心置于两脚之间。

③双脚交叉完成的同时，双脚脚踝迅速向外打开，回到葫芦状态。

④要为接下来的一个前剪动作做准备。

8. 前蛇滑行

图 2－109

图 2－110

图 2－111

图 2－112

技术要点：

两脚在一条直线上，前脚把握方向，后脚主要发力。两手自然张开，上身放松。

（四）基本刹车技巧

1. 后跟刹车

图 2－113

图 2－114

图 2－115

技术要点：

①八字滑行基础上，两脚平行站立，目视前方，两手自然张开。

②双手扶膝，膝盖自然弯曲，右脚自然向前伸出半脚距离。

③右脚脚尖慢慢翘起，利用右脚较后跟处的刹车器刹车。

2. 前葫芦刹车

前葫芦刹车是在前葫芦的基础上演变而来的一种刹车技巧，是轮滑中比较基础的一个刹车。

图 2－116

图 2－117

图 2－118

图 2－119

技术要点：

①八字滑行，以前葫芦为基础，目视前方。

②膝盖微屈向前，双脚成外八字站立，向前做前葫芦动作。

③两脚做大大的前葫芦动作。双手自然侧平举。

④大腿向前发力并伸直，膝盖不能弯曲，两脚内收，利用轮子压内刃，与地

面摩擦，两脚尖不能合拢，应该保持与肩同宽的距离。上体以腰为轴向前微屈，整个身体成“C”字形。

3. “T”字刹车

作为一个进阶的刹车，“T”字刹车的可控制性非常好，在平时滑行中使用的频率非常高。

图 2－120

技术要点：

两脚成“T”形，前脚脚跟放在后脚中间位置，两脚之间有 10cm 左右间隙。两手自然分开，重心置于前脚。利用后脚轮子与地面的摩擦刹车。刹车时身体一定要保持正直，双眼目视前方。

4. 后“T”刹车

当我们在快速的后滑过程中，如果没有一种可以有效控制速度的手段，后果肯定是人仰马翻。后“T”刹车是我们学习向后滑行以后必须要学习的一种刹车技巧。

图 2－121

图 2－122

图 2－123

图 2－124

技术要点：

①在后滑基础上，两脚呈一前一后平行向后滑行姿态。

②上身稍稍向前倾斜，眼睛面向后面刹车的方向，支撑脚膝盖微屈。

③支撑脚膝盖弯曲，刹车脚向后伸直，膝盖不准弯曲，双眼面向刹车方向。

④当两脚处于一条直线上时，利用刹车脚内侧轮子与地面的摩擦刹车。

5. 侧刹

侧刹是一种比较高级的刹车技巧，只有在具有一定的轮滑基础上才能学会。

图 2－125

图 2－126

图 2－127

技术要点：

刹车时双脚平行，双脚膝盖向前微屈，两脚同时向一个方向甩动。身体保持舒展状态。

二、速度轮滑技巧

（一）准备运动

在运动开始之前做一些准备活动，可以让身体尽快进入运动的状态，这样就不容易受伤。

1. 头部运动

图 2－128

图 2－129

图 2－130

技术要点：

双手掐腰，头部前后左右转，脖子尽量拉升。

2. 腿部运动

图 2－131

图 2－132

技术要点：

弓步压腿、侧压腿尽可能把大腿的肌肉拉长，腿伸直，膝盖不能弯曲。

3. 静蹲

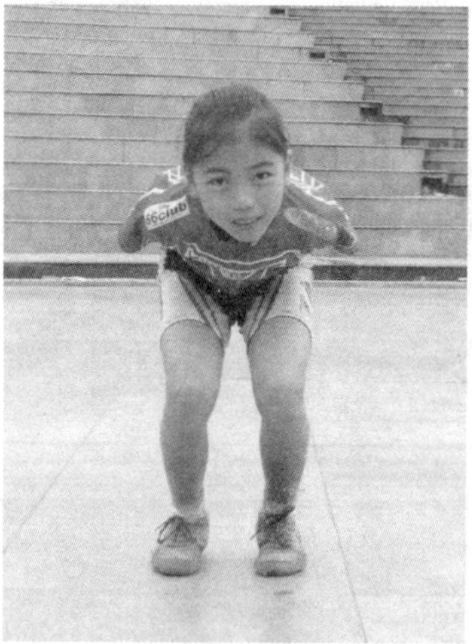

图 2－133

图 2－134

技术要点：

膝盖弯曲成 90°，两脚自然分开，上体与地面成 15～20°，两臂伸直，两手自然互握于背后，头微微抬起，眼睛目视前方 10 米处。

4. 原地模仿练习

图 2－135

图 2－136

图 2－137

图 2－138

图 2－139

图 2－140

技术要点：

原地模仿练习分为三个动作：图 2－146、2－149 为侧蹬；图 2－147、2－150 为后引；图 2－148、2－151 为收腿。

侧蹬：蹬出腿膝盖伸直，重心放在支撑腿。

后引：后引腿的大腿要垂直，小腿自然放松。支撑腿还是保持 90°。

收腿：收腿后保持静蹲状态。

（二）站立及保持平衡

图 2－141

图 2－142

图 2－143

技术要点：

①八字站立，脚后跟并到一起，脚尖分开，大腿用力夹紧。

②平行站立，两脚平行站立，身体放松。

③“T”字站立，前脚轮滑鞋的后轮靠到后脚轮滑鞋的中间位置，双脚成“T”形。

（三）跌倒

在赛场上速度轮滑追求的就是速度，然而，速度越快，跌倒后的危险性就越大。因此，在跌倒时，必须按下面的方法进行。

图 2－144

图 2－145

图 2－146

技术要点：

①迅速弯曲膝盖，让自己的身体尽可能地接近地面。

②膝盖进一步弯曲，双手向前伸出，准备用护膝和护腕着地。

③着地，用护膝和护腕和轮滑鞋的第一个轮子接触地面，着地瞬间，双手的手指必须向上翘起，身体尽量蜷在一起，抬头。由于摔跤前有一定的速度，必须保持图 2－146 所示姿势向前滑动，自然停止。

（四）起跑技巧

起跑是速度轮滑比赛的开始动作，起跑的任务是使身体由禁止状态，在最短的时间内，进入自己最快滑行阶段。一般速度轮滑的起跑技术由四个部分构成，即：预备姿态、启动、疾跑和衔接。

图 2－147 至图 2－150 为预备姿势。

图 2－147

图 2－148

图 2－149

图 2－150

技术要点：

①身体侧身面向起跑方向，两脚平行分立与肩同宽。

②用轮子的内侧着地，将用力腿放在后面，两脚与起跑线成 20°~30°。

③两膝微屈约成 110°，膝盖内扣，身体前倾与地面成 40°~50°角。

④前手臂屈肘自然放在前侧，后手臂向侧后方平举，高度不超过肩。

⑤目视前方 10 米处。

（五）弯道技巧

自行车、汽车要想获得较高的加速度，只能在直道上才能进行，而我们的轮滑却刚刚相反。在轮滑的弯道上，运动员通过合理的弯道滑行技术，可以产生很高的加速度，速度比在直道上滑行还要快。因此，作为一名专业的速度轮滑运动员，其弯道滑行技术是非常重要的。

图 2－151

图 2－152

技术要点：

①身体向左倾斜，膝关节、臀部在一条直线上。

②右脚交叉动作幅度要大。

③摆臂要左小右大。

（六）滑行

图 2－153

图 2－154

图 2－155

图 2－156

技术要点：

①身体左右移动，侧蹬侧收。

②收腿要快，收腿时小腿放松。

（七）冲刺

图 2－157

图 2－158

图 2－159

技术要点：

①找好平衡点，冲刺瞬间，前腿跨出。

②跨出腿幅度要大，身体保持前倾姿势。

第六节　轮滑运动保健知识

轮滑是一项不断挑战人体平衡能力的运动，由于技术、器材、场地等各方面的原因，很容易出现运动损伤。因此我们要有所了解运动损伤的部位和常见类型。

一、常见损伤部位

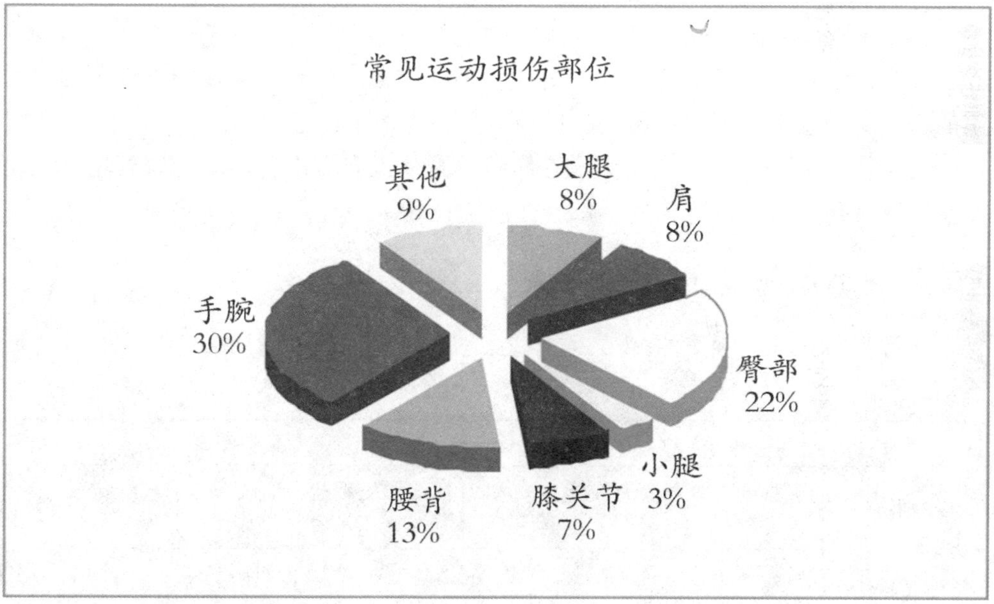

图 2－160

从图中我们发现：

①手腕损伤率占了 30%，这说明在跌倒时不能用手用力撑地，手部用力越大，伤得越重。

②臀部损伤率占了 22%，这说明很多人在向后摔倒时是用屁股直接往地下坐的，没有一点缓冲，这是非常错误的，而且用屁股着地还有可能引起尾椎骨的骨折。正确的方法应该是臀部着地的瞬间，整个身体做滚翻的动作，在滚翻动作中把摔跤的力道卸掉，保护身体不受伤。

二、常见运动损伤类型

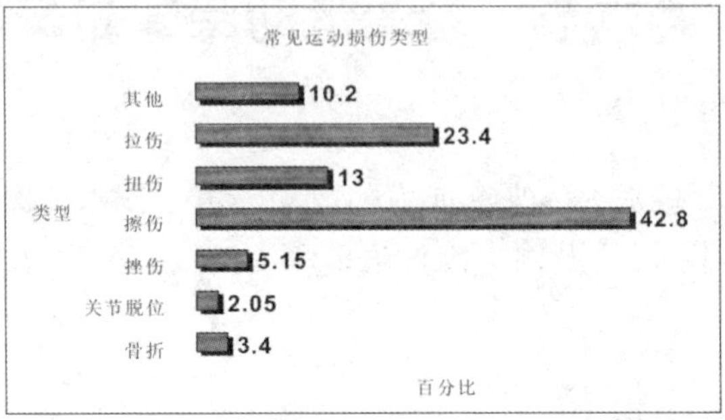

图 2－161

从图中可以看出：

①擦伤占了42.8%，擦伤是一种比较轻的损伤，常会伴随摔倒出现，说明大家的跌倒防护意识淡薄，虽然是小伤，但是擦得多了还是很痛的。

②拉伤占了23.4%，说明大家在滑行时身体没有做准备活动，就要用最大速度滑行或者是长时间滑行，这些都会使肌肉拉伤。

三、运动损伤的处理方法

通过判断，学会自我检查，看自己是属于哪一类的损失，然后才能对症下药。

种类	征象	简易处理方法
擦伤	皮肤表皮脱落，有小出血点和组织液渗出	用生理盐水清洗伤口，用红药水（碘伏）消毒，保持伤口干燥
拉伤（扭伤）	局部疼痛、压痛、肿胀、肌肉痉挛，收缩时疼痛加剧	早期冷敷、加压包扎。48 小时后用轻缓的手法按摩
挫伤	轻者局部仅有疼痛、压痛、功能障碍；重者皮下出血形成血肿或瘀斑，疼痛和功能障碍明显，可引起休克	局部冷敷，服药包扎。严重者先进行抗休克处理，保温、止痛、止血、立即送医院治疗
骨折	疼痛、肿胀、功能（失去杠杆和支撑作用）、畸形、震痛等	有伤口或出血者，先处理伤口和出血就地固定，不要无故移动肢体。固定时严禁采用任何修复手法。固定的顺序为骨折的上下部至两端的关节。开放性骨折不可未经处理放回体内

种类	征象	简易处理方法
脑震荡	出现几秒到 30 分钟不等的意识障碍、肌肉松弛无力、面色苍白，有些伴有头痛、呕吐、恶心、出汗、心悸等症状	让伤员平卧，保持安静。如有昏迷，可以掐人中、内关等急救穴位。严重者，要立即送医院。

四、安全常识

为了使玩单排轮滑更具乐趣，做好安全准备是必要的，唯有完全解除对安全的顾虑，才能真正放心玩单排轮滑并充分发挥潜力，得到更多进步。

注意事项：

①注意路况，注意沙石。

图 2－162

图 2－163

②注意人群稀少的道路。

图 2－164

图 2－165

③注意高速滑行时，确定自己能够做到有效刹车。

图 2－166

图 2－167

④注意下坡能够产生很高的速度，下坡应缓行。

图 2－168

图 2－169

⑤滑行时注意躲避障碍物。

图 2－170

图 2－171

⑥避免机动车道滑行，更不能逆行。

图 2－172

图 2－173

⑦遵守交通规则，尊重其他行人礼仪。

图 2－174

图 2－175

第七节 轮滑运动主要竞赛常识

轮滑运动和其他体育运动一样，具有很高的观赏性，特别是轮滑运动的竞赛项目：速度轮滑、轮滑球、花样轮滑、极限轮滑。通过竞赛，运动员在体能、技能、心理能力与智能方面得到全面的发展和锻炼。此外，轮滑运动的技巧性、竞技性、惊险性等很强，通过欣赏轮滑比赛，可以得到美的享受。轮滑运动的比赛种类很多，规则也比较复杂，下面我们就带大家了解一些竞赛的常识。

一、速度轮滑比赛基本规则

1. 速度轮滑比赛分为公路赛和场地赛两类，每类比赛根据不同的比赛距离划分为若干个小项。其比赛形式有：计时赛、淘汰赛、群滑赛、定时赛、计分

图 2－176

图 2－177

赛、接力比赛、分段赛和追逐赛 8 个类别。速度轮滑比赛的主要规则有：

（1）起跑的要求

所有速度轮滑比赛中，起跑均采用站立式。发令员在发出启动讯号前运动员启动视为抢跑，第一次抢跑给予警告，三次抢跑取消比赛资格。运动员起跑有 10 秒钟的限定时间，如果 10 秒内不启动，发令员可宣布该运动员退出比赛。

图 2－178

（2）途中滑跑的要求

①运动员从起点出发一直到抵达终点，严禁得到任何方式的外界帮助（轮滑鞋出现故障除外）。

②运动员必须沿着设定中的直线滑行至终点，不得以曲线或横向滑行影响其他运动员的正常滑跑。

③在弯道滑跑时，只有在内侧有足够的空间可以通过的情况下，才可以从内道超越，其他情况下只能从外侧超越。

图 2－179

④不得故意强行阻挡他人的超越滑行，严禁撞人、推人、拉人、挡人、踢人、绊人等有意阻碍他人滑跑的行为。

⑤在不妨碍比赛进行的前提下，运动员可以自行维修出故障的轮滑鞋，必要时可接受新鞋更换已损坏的轮滑鞋，但必须独立完成且不得接受外界帮助。

二、花样轮滑的基本规则

（一）单人滑（男子、女子）

1. 规定图形

2. 自由滑

（1）短节目

（2）长节目

图 2－180

图 2－181

（二）双人滑

1. 短节目

2. 长节目

图 2－182

短节目和长节目的评分包括：技术分和表演艺术分。

①技术分：包括各种跳跃、旋转、步法的难度及多样化和整套动作的平衡性。

②表演艺术分：包括节目的编排，与音乐的配合，音乐主题的表述，艺术表达能力，跳跃、旋转、步法完成的质量，即动作的完美性、协调性、独创性和场地的使用。

（三）舞蹈

1. 舞蹈分类

（1）规定舞

（2）创编舞

（3）自由舞

图 2－183

2. 竞赛组别

比赛根据年龄分为甲、乙组：（以出生日为准）

甲组：经过系统训练，年龄不小于 16 周岁；

乙组：经过系统训练，年龄小于 16 周岁；

各级比赛可据情况设丙组（指未经过系统训练），年龄一般应小于 18 周岁。

3. 评分等级

0.0——未滑

0.1 ~0.9——特劣

1.0 ~1.9——很劣

2.0 ~2.9——劣

3.0 ~3.9——（合格）一般

4.0 ~4.9——良好

5.0 ~5.9——优秀

6.0——完美无缺

注：评分允许保留小数点后一位数（例如：1.5 分、3.4 分、5.6 分）

4. 舞蹈组合

每对舞蹈运动员必须由一男一女组成。

图 2－184

图 2－185

5. 规定舞分组

组别	舞蹈类型	速度（步/分钟）	音乐	重复次数
第一组	快步舞	112	进行曲	4
	维也纳华尔兹	138	华尔兹	3
	阿根廷探戈	96	探戈	3
第二组	星光华尔兹	168	华尔兹	3
	意大利狐步	96	狐步	3
	冰岛探戈	100	探戈	3
第三组	帕索道布勒	112	进行曲	3
	威斯特敏斯特华尔兹	138	华尔兹	3
	布鲁斯	88	布鲁斯	3

从上述各组中提前一年抽出一组舞蹈进行比赛，两年内不得滑行同一组舞蹈项目。抽舞蹈组别的同时，也要抽出规定舞的滑行次序。

6. 创编图案舞分组

组	现代舞	拉丁舞
a	布鲁斯	恰恰
b	狐步	帕索道布勒
c	探戈	波尔卡
d	华尔兹	伦巴
e	查尔斯顿	桑巴

在上述两组中交替抽签，在同一类别的创编图案舞中抽出一个舞蹈，作为比赛的创编图案舞。

三、轮滑球

轮滑球比赛是由两个队，每队 5 名运动员，穿着轮滑鞋在长方形平坦的场地上进行的对抗比赛。比赛时每队各居半场，运动员用球杆设法把球射入对方球门来得分，全场比赛得分多的队为胜队。

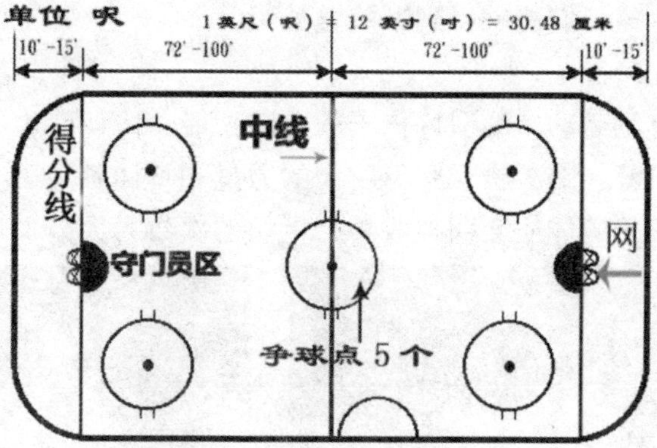

图 2－186

一场正式的比赛分为上下两个半场，成年组每半场比赛为 25 分钟，青年组每半场比赛为 20 分钟，少年组每半场比赛为 15 分钟。半场时两队有 10 分钟时间交换场地。

图 2－187

图 2－188

主要规则：

① 在规定的比赛开始时间 15 分钟后某队仍未出场，该队被判弃权。

② 如果某队因队员被罚离场而只剩下两名运动员时，该队即算失败。

③ 在比赛的任何时候不得故意弃权离场。

④ 各队队员必须在指定的出入口进出场地。

第八节　轮滑运动综合知识

一、学习轮滑的好处

轮滑作为一项运动，带给孩子的，肯定不光是“飞一般感觉”的乐趣。那么通过学习轮滑，孩子们能够得到哪些益处呢？

1. 健康的身体

轮滑是一种有氧运动，能锻炼孩子的心肺功能、协调能力、平衡能力、灵敏性和爆发力，增强臂、腿、腰、腹等肌肉的力量和身体各个关节的灵活性。练了两三年轮滑后，孩子的体质会明显改善，生病的次数大大减少。

图 2－189

图 2－190

2. 优美的体型

学习轮滑因小腿老要绷着劲儿，长期练习，小腿肌肉的线条就特别好。从这一点上说，小女孩学有好处，因为会练得腿部修长，尤其是小腿。

图 2－191

图 2－192

3. 培养良好的个性

小朋友学习轮滑的过程中是肯定要摔跤的，在不断跌倒和爬起来的过程中，孩子们就会养成不怕苦、不怕累的精神和独自面对困难的勇气。学习过程中，孩子每完成一组动作，都会产生一种自我满足感，可以增强自信心，这对孩子的性格养成会很有好处。因此，通过学习轮滑可以让小朋友们拥有良好的个性。

图 2－193

图 2－194

二、欣赏轮滑运动

1. 速度轮滑

速度轮滑展示了人类不断追求更高、更快的精神，没有最快，只有更快，风驰电掣、快如闪电就是速度轮滑真实的写照。速度轮滑展现了体育运动本身的竞技性和不断超越进取的精神。在速度轮滑公路赛中，运动员在坡上、在田野间纵横驰骋，绿色、环保的速度轮滑让运动员完全融入自然，在大自然中寻找快乐，寻找人类最根本的需求。

图 2－195

图 2 – 196

2. 花样轮滑

花样轮滑具有三大看点：具有想象力的服装、和谐的音乐以及高超的技艺。花样轮滑是体育和艺术相结合的项目。这项运动不但要有高度的技巧，也必须有高度的艺术表现力和创造力。编排一套花样轮滑的动作是一个创作过程，必须具有丰富的想象力，才能使一套花样轮滑清楚地表达出音乐的主题，提高自由滑的艺术价值，增强艺术感染力。因此，运动员必须进行音乐和舞蹈的训练。

图 2 – 197

图 2 – 198

3. 极限轮滑

极限轮滑除了追求体育竞技“更高、更快、更强”的精神外，更强调参与和勇敢的精神，追求在跨越心理障碍时所获得的愉悦感和成就感，同时，它还体现了人类返璞归真、回归自然、保护环境的美好愿望。极限运动有其“融入自然（自然、环境、生态、健康）、挑战自我（积极、勇敢、愉悦、刺激）”的“天人合一”的特性。

图 2－199

图 2－200

图 2－201

第三章　滑板运动

第一节　滑板的基本知识

一、滑板运动的起源

20 世纪 50 年代中后期，美国南加州海滩社区的居民们发明了世界上第一块滑板。滑板是冲浪运动在陆地上的延伸。前者受地理和气候的限制，而后者则有更大的自由度。

1962 年第二代滑板诞生，它是由橡木多层板压制而成的板面、轮滑转向桥和塑料轮子组成。与第一代滑板相比，这种滑板无疑是技术上的一个飞跃。

1973 年，一个叫弗兰克的滑板爱好者发明了第三代滑板。他首次将聚氨酯轮子装在他的滑板上，这种柔韧的轮子不仅耐磨，而且可以使滑板安全稳当地急转弯，轻而易举地越过地上的小障碍。

20 世纪 80 年代末，第四代滑板诞生。由于滑板运动本身的发展和滑手们对滑板技巧要求的提高，以及为了适应 U 型池（vert ramp）双向滑行的需要，一种与前三代滑板形状完全不同的、两头翘起、形状对称的滑板，即第四代滑板也应运而生。

图 3－1

20 世纪 90 年代初，滑板从一头改为两头，因而出现了许多前一代滑板不可能完成的动作。这个时期是滑板运动的技巧性动作（technical tricks）时代。滑手们发明了很多新的动作。同时为了使滑板更容易翻转，滑板板面变得很窄，轮子变得更小。

滑板运动在 20 世纪 80 年代进入我国，20 世纪 90 年代该项目得到了迅猛的发展。目前该项目已成为我国越来越多青少年喜爱的新兴运动项目之一，具有广阔的发展前景。

1999 年在浙江省湖州市举办的第一届全国极限运动大赛是中国极限运动发展的重要里程碑。

图 3 –2

二、滑板（skateboard）的构造

滑板主要由板面、砂纸、桥（支架）、轮子、锁紧螺母、缓冲垫、轴承等组成。

①板面（deck）：1 个，一般是以五层、七层或九层枫木板微波冷压制成。同时也有铝合金、碳纤维等材料所做成的板面。

②砂纸（griptape）：1 张，粘在板面的上表面，用来增加与鞋底的摩擦力，便于控制滑板。

③桥（truck）：2 个，是金属做成的部件，它被固定在板面下面，轮子装在桥上。桥可以使轮子转弯，而且可以调节它的转弯速度和角度。

④滑板轮（wheel）：4 个，是用聚氨酯做成的。轮子有不同的直径、形状和硬度。小的轮子启动快，但是后劲不足，适合作技巧；大的轮子可以比较容易地在不太平坦的地面上滑行。

⑤轴承（bearing）：8 个，每个轮子里面装有 2 个精密的轴承。

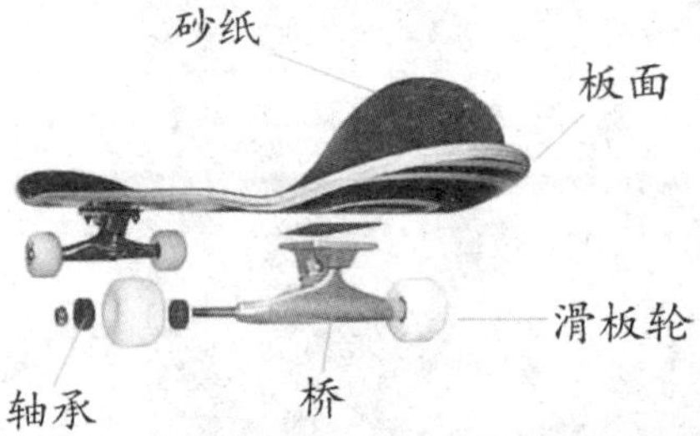

图 3 - 3

图 3 - 4

三、滑板运动装备

（一）护具（protective clothing）

滑板护具包括头盔、护膝、护腕（护肘）等，建议初学者或者做难度动作时使用，一般在比赛中都要求佩戴护具。

①头盔（helmet）：一个质量过硬的头盔是最重要的安全装置，如果使用滑板时没有戴头盔，刮伤扭伤可以很快恢复，但头部的损伤将极大地影响以后的生活。

图 3－5

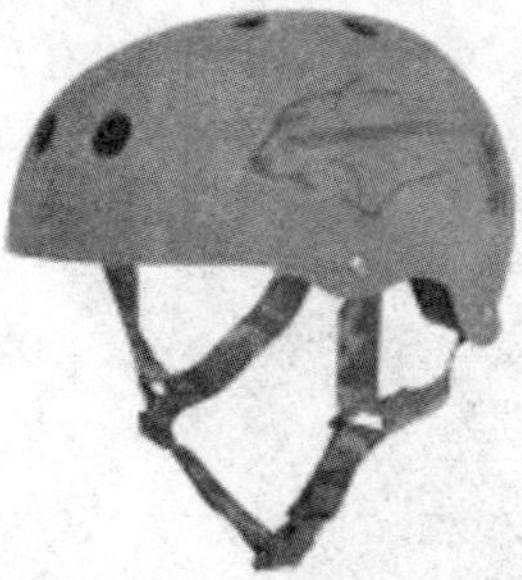

图 3－6

②护膝（kneecap）：对于护膝来说，最有意义的发明便是塑料护膝的发明。图 3－7 所示的护膝是比较理想的一种护膝，佩戴任何一款护膝都比没有佩戴护膝要安全得多。

图 3－7

③护腕（护肘）（cuff）：和护膝一样，有塑料帽檐的护腕是最好的护腕。

图 3－8

④手套（gloves）：滑板手套有很多种形状和尺寸。在美国和日本有些人就拿摩托车手套当滑板手套，也有人拿园艺手套来替代，比较理想的手套是既合手又能使摔倒时手掌免受伤害的运动型手套。

图 3－9

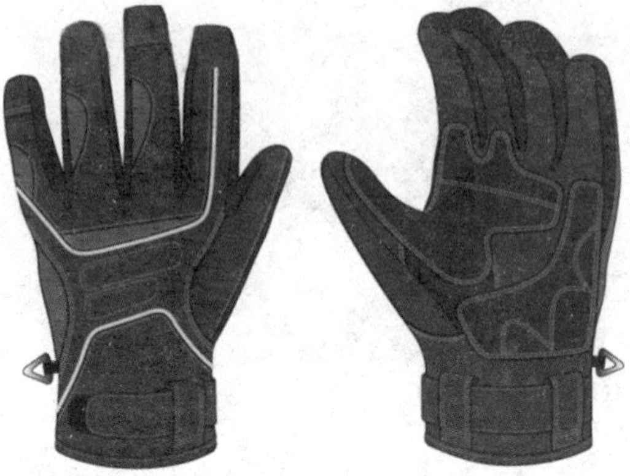

图 3－10

（二）滑板鞋（shoes）

滑板鞋为滑板而生产，耐磨性非常好。滑板鞋的特点比较多，尤其近几年有很多高科技技术加进来，总的来说就是为了滑手在玩滑板时更舒服而不断改进设计的。

图 3－11

其主要特点有：鞋底要有缓冲功能，不一定要有气垫；鞋带有保护设计，防止磨断；鞋头最容易磨，需要很耐磨的材料；鞋舌厚，保护脚腕。滑板鞋还有很多讲究，在鞋垫上、鞋跟、鞋内里，各种特点都是为了更好的运动效果和更舒服的滑板感觉。

板鞋的选择性：对于一些技巧细腻的滑手，他们比较喜欢用较薄的板鞋；而做动作比较猛的滑手，一般都选择比较厚实的滑板鞋。

（三）滑板服装（clothes）

滑板服装主要以宽松为主，滑板手大多选 T 恤或 hiphop 风格的服装。

图 3－12

（四）滑板背包（bag）

滑板背包一般功能是较多的。滑手可以根据个人情况，考虑一个大小合适的背包。一般在包内放置有扳手等工具以及一些简单的服装、备用轮和轴承等备件，够大的话再装上一双板鞋。有的滑板包设计成可以将滑板绑在包上，背起来更方便，不会加大包的体积。红药水、创可贴也可以放置于包的小袋子里。

图 3－13

四、滑板分类

（一）玩具板

玩具板指仅供滑行的滑板，初学者也可以用。

图 3－14

（二）运动型滑板

运动型滑板适用于滑行技术水平较高的滑板运动爱好者。由于运动者要做各种高难动作以及各种花样，因此运动型滑板的所有各部件的强度以及各种性能指标应满足使用要求。运动型滑板具体分街式和 U 池、公路式、山坡速降式等。

图 3－15

图 3－16

五、滑板的玩耍地点选择

滑板有别于冲浪板和滑雪板，对场地的要求不高，从街头到公园，不论什么地方都可以轻松享受滑板带来的乐趣，如：滑板主题公园（图 3－17）、台阶（图 3－18）、扶手（图 3－19）、平地（图 3－20）等。

图 3－17

图 3－18

图 3－19

图 3－20

六、滑板玩法介绍

（一）街头滑板（street skateboard）

正式的街头滑板起源于旧金山市场街，从字面上看，街头滑板就是指在街道上的公共设施上滑上滑下，比如，公园的长椅、栏杆甚至台阶。今天的街头滑板运动已经从一项少数人偶尔一试的活动变成一种广受欢迎的体育活动。

图 3－21

图 3－22

（二）U 池滑板（extreme skateboard）

U 型池滑板运动是为了满足滑板爱好者对挑战和冒险的欲望。在受欢迎程度上，U 型池滑板运动仅次于街头滑板运动。与街头滑板非常接近地面的玩法不同，U 型池滑板总是要努力飞得更高，他们经常在滑板运动场里的碗状物、斜坡和半管道上体验飞翔的感觉。

图 3－23

图 3－24

（三）自由式滑板（free skateboard）

自由式滑板，指的是不受任何条条框框的限制，可以随心所欲、任性而为。每个滑板爱好者可以根据自己对滑板的理解，发挥自己的想象力，创造出具有自己个人风格的滑板动作。

图 3－25

图 3－26

（四）公路（速度）滑板（speed skateboard）

这种运动追求的就是速度，事实上，公路滑板世界纪录已经达到了时速 100

公里。由于公路赛比普通版更加危险，因此它所需要的装备要更多、更好。除了使用一种细长的，看起来有点怪异的滑板之外，运动员还要穿上皮质的全身防护服，戴上可以保护整个头部的摩托车专用头盔。此外为了保护双手双脚，他们还会戴上皮手套，穿上鞋底使用橡胶加厚的专用鞋。

图 3 – 27

图 3 – 28

（五）山地滑板（mountain skateboard）

20 世纪 90 年代初，山地滑板运动应运而生，一些滑雪爱好者，对滑雪季节的结束感到非常苦恼，他们就改装传统的滑板，使之能够在山间穿梭。虽然山地滑板与滑雪板的用途比较接近，但是山地滑板有一个弹性更大的板面、减震系统、防止双脚轻易滑落的扣栓以及四个直径为 20 ~ 30 厘米的充气轮胎。

图 3 – 29

图 3 – 30

（六）障碍滑板（slalom skateboard）

多数障碍滑板比赛在欧洲举行，特别是瑞典。障碍滑板主要有 3 种形式：大回环、小回环和斜坡障碍赛。

图 3－31

图 3－32

（七）动物也疯狂（animal skateboard）

大家都说爱好是不分国界的，但是今天动物世界的朋友们也被滑板的魅力吸引了，忍不住也上去过一把滑板瘾。所以我们可以说爱好是所有生命都有的共同语言。

图 3－33

七、其他各类滑板介绍

（一）手指滑板（Finger Skate Boarding）

手指滑板，简称指板，是一项新兴的与极限运动相关的时尚娱乐项目。传说它是由一位美国滑板爱好者为了在雨天也能练习酷爱的滑板技巧而发明的，并在家中以手指代替双脚来控制指板进行练习。这一极富想象力的创造随即流传开来，成为一项风靡全球的指尖上的流行运动。

图 3 - 34

手指滑板的配置和正式的滑板在外观上并无区别，除了轴承没有被采用，几乎每一细节都被缩小复制。每套指板备有螺丝刀、内六角扳手等工具，并有各种备用轮可供选择。指板玩家可按自己的想法来调节安装自己的指板，当然也可以自己尝试做一块指板，充分调动自己的 DIY 精神。

指板玩家可以将指板放置于书桌上，挂在钥匙圈上，出门时放进口袋，随时可以拿起来享受一下手指极限的乐趣。随着指板玩家的增多，小小一块指板的魅力逐渐展现出来，越来越多的人喜欢上这项新游戏。无论办公室职员，还是学生，也没有年龄、体力的限制，无须穿戴防护用具，只要拿起手指滑板，就可以开始发挥个人的想象力，在桌面、书本等一切可以利用的道具乃至自己身上享受指板带来的指尖灵动的感受。

（二）活力板（Snake board）

活力板是滑板运动的新宠。活力板是一种新型的滑板，和普通的四轮滑板不一样，它只有两个轮子，也称为“两轮滑板”或“二轮滑板”。因其运动起来像龙和蛇一样扭动，所以国内大多称为“龙板”或“蛇板”。

图 3 – 35

活力板的种类非常多，有蛇板、游龙板、蝴蝶板、蝙蝠板、双龙板、漂移板等等。按轮子个数分，有双轮、三轮或四轮等等。

①游龙板：活力板最早的一款二轮滑板。

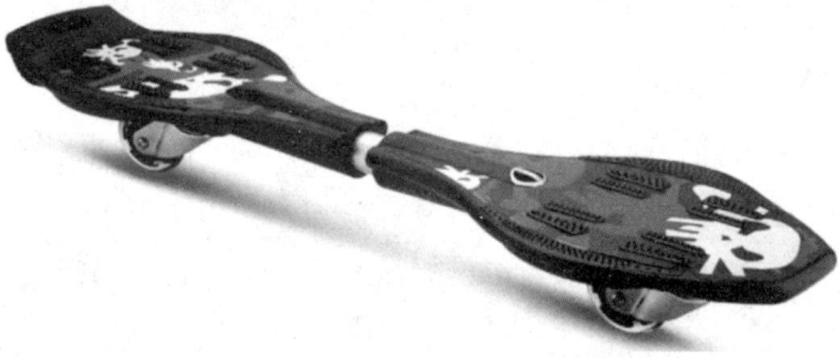

图 3 – 36

②蝴蝶板：二轮滑板，玩法和游龙板一样，不同的是中间的扭力杆采用高弹性能的牛筋材料制作，可以上下左右四周扭动，扭动范围和角度更大，所以最适合健身减肥。

图 3 – 37

③蝙蝠板：二轮滑板，玩法及功能和游龙板一样，材料更好、更精致。面板像蝙蝠侠一样酷，所以叫蝙蝠板。

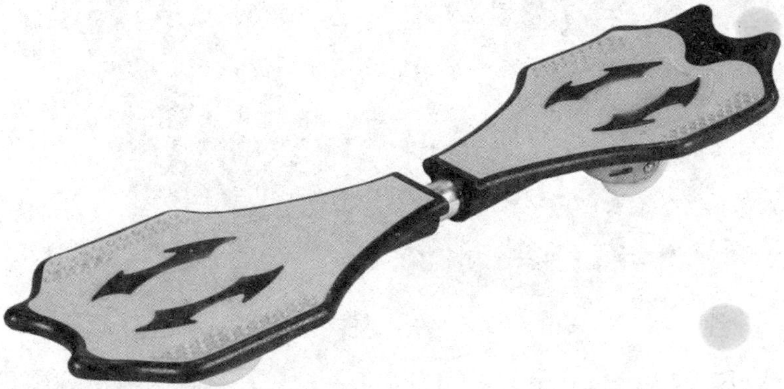

图 3－38

④雷龙板：二轮滑板，玩法及功能和游龙一样，只是面板的不同。因其造型酷似雷龙，所以取名为雷龙板。

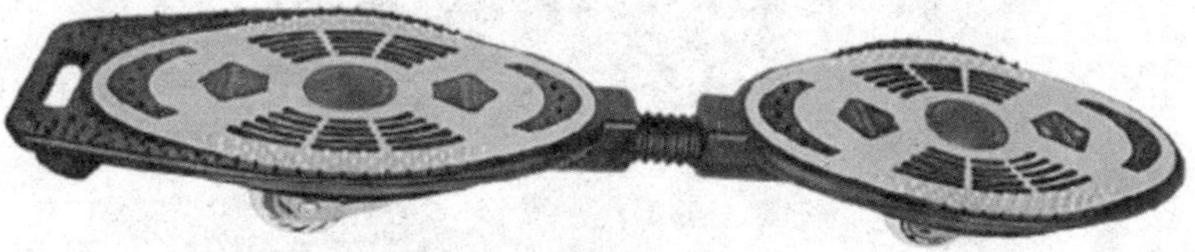

图 3－39

⑤麒麟板：四轮活力板，前面可以系绳拉，适合儿童使用。

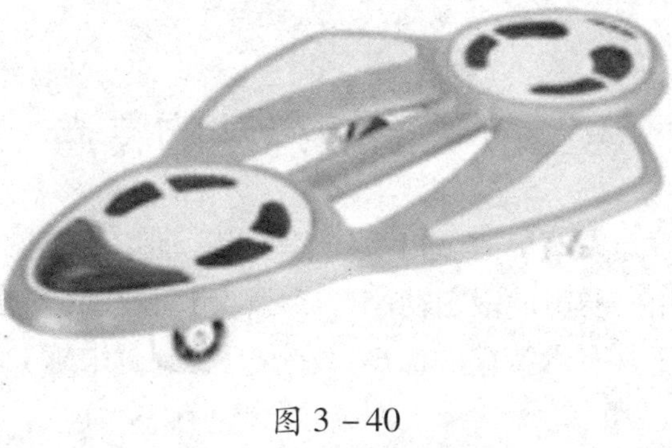

图 3－40

⑥双龙板：四轮分体式滑板，一只脚踩一个，速度更快（可于轮滑相比），可 360 度原地打圈，所以灵活度更好。

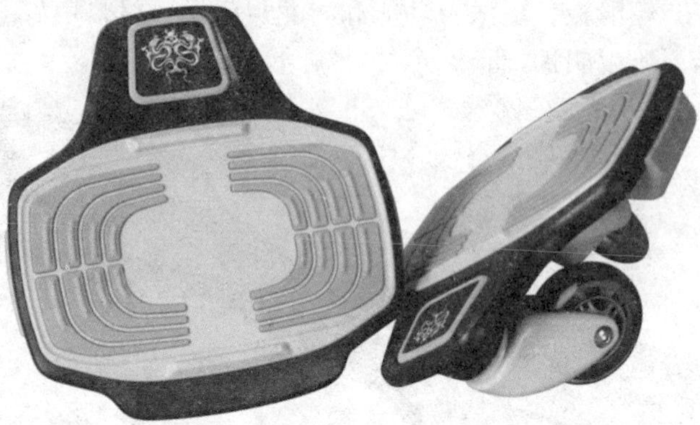

图 3 -41

⑦飘移板：四轮分体式滑板，和双龙板一样，一只脚踩一个。它是所有活力板中牢固度和难度最大的一款。

图 3 -42

第二节　滑板运动的特点

滑板运动是极限运动历史的鼻祖，许多极限运动均由滑板运动延伸而来。20 世纪 50 年代末 60 年代初由冲浪运动演变而成的滑板运动，已经广泛流行于世界各地。滑板运动由于其有着特殊的优点，在今天受到越来越多的年轻人的喜爱。

1. 独特的文化内涵

滑板运动员的衣着、怀旧球鞋一度成为世界潮流，而相关音乐（new wave music，Punk，hipop）也达到了鼎盛，其语言、技巧、服饰和音乐构成了独具特色的滑板文化。

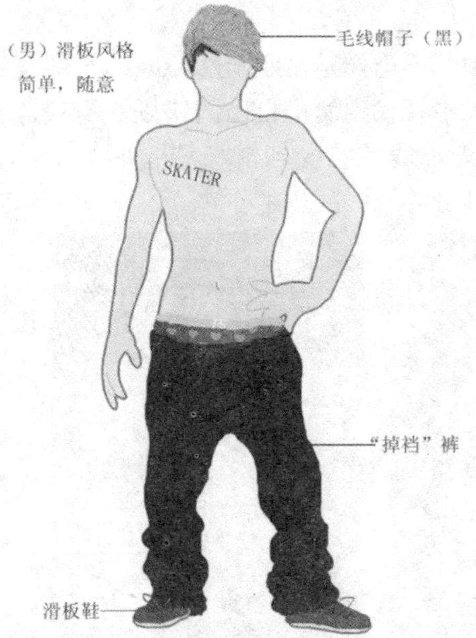

图 3－43

图 3－44

2. 回归自然的运动内涵

滑板运动不同于传统运动项目，它不拘泥于固定的模式，需要滑板者自由发挥想象力，在运动过程中创造，以创造力来运动，强调身心的自由，推崇与自然互相融合的运动理念。人在运动中完善人性，回归自然的本质重新被强调，在繁华都市潜藏着一股回归自然、融于自然、挑战自我的心，达致“天人合一”的思想境界。

图 3－45

图 3－46

3. 独特的趣味性

在滑板的世界中没有年龄的限制，不论你是刚刚上幼儿园的小朋友还是头发花白的老大爷，都能够在滑板的世界中寻找到属于自己的快乐。滑板适合各个年龄阶段的人参与，在运动中，每个人都能够感受到滑板特有的惊险、刺激、自然、生态、人与自然和谐相处的那种身心合一的乐趣。

图 3－47

图 3－48

图 3－49

4. 高超的技巧性

滑板运动以滑行为特色，崇尚自由的运动方式，体验与创造超重力的感受，给滑行者带来成功和创造的喜悦。滑板运动竞技的地点无处不在，可以是台阶、护栏，也可以在专业的滑板主题公园。在滑行的过程中，滑板爱好者可以在台阶的棱角上滑行，可以从高高的护栏上轻轻地滑下，也可以在空中做出各种翻板的动作，华丽的技巧、流畅的动作，充分展示着滑板运动的乐趣。

图 3－50

图 3－51

5. 观赏的刺激性

在 U 型池比赛中由于运动中的高位能和滑板的低阻力，滑手可以获得足够的高度做出空翻、转体、倒立等技术动作，滑手陶醉在无拘无束的自我表现里，观众则会沉浸在极大的感官刺激中。由于滑板运动太过惊险、刺激，20 世纪 60 年代，滑板运动受到美国政府严令禁止，曾一度沦为“地下项目”。一直到 20 世纪 80 年代中期，滑板项目才被政府公开解禁、重见天日。

图 3－52

图 3－53

第三节　滑板运动的基本技巧

平时我们在大街、电视上看到的滑板高手，他们的技术是那么的高超、如此的华丽，但是任何高手都是从“菜鸟”成长的。在“菜鸟”阶段，他们必须要掌握最基本的滑板技巧，包括：基本姿势、摔跤、滑行、停止、转弯等。

一、极限滑板技巧

1. 基本站位

图 3－54

技巧说明：将左脚放在滑板的前端部分，右脚则踩在滑板尾部，这就是标准姿势。向前滑行时，左脚放在板身上，右脚踩地面向前，利用左脚擦板。

2. 摔跤

滑板有一定的危险性，在滑行时摔跤是不可避免的，如何才能更好地保护自己在摔倒的同时不受伤，这也是学习滑板之前必须要学会的一种非常重要的技巧。

图 3－55

注意：

① 初学者在练习时必须要戴好全套的护具。

② 摔倒时必须要保护好头部，为避免头部着地，摔倒时颈部必须要用力。

③ 摔倒的过程中一定要以滚动的方式缓冲，不能直接用腰或者屁股直接硬摔。

④ 摔倒的过程中千万不要用手直接去硬撑，否则后果很严重。

图 3－56

图 3－57

3. 启动滑行

滑行是迈向高手的第一步，让我们的“菜鸟”同学迈出坚强的第一步吧，加油！

图 3－58

技巧说明：踩上板身时，先不要把脚放在板身中央，应该放在靠近滑板前端的部分，并用另外一只脚踢地面推向前方。身体保持前倾站姿，重心放低。这样滑行起来就会更加稳定。

4. 停止

学会了滑行，下面再让我们一起学习如何停止吧！

图 3－59

技巧说明：在滑行的基础上，让重心由滑板前面的脚慢慢转换到后面的脚上，将滑板尾端的脚与板身平行并且着地，利用鞋底与地面的摩擦力让板子慢慢停下来。这个技术的重点就是要放低重心。

5. 转弯

图 3－60

技巧说明：首先让滑板加速滑行，让肩膀倾向后侧，再让下半身随上半身后侧，慢慢将体重加重到脚跟，不要马上急着转弯，尝试慢慢地滑出一个弧形。将重心放在脚跟，眼睛注意前进方向，从上半身做一个倾斜的动作，移动滑板的方向。注意滑板上两脚力量的控制，保持方向，顺着发力的方向滑出去就可以了，这样就能完成一个漂亮的弧形。

6. 后翘起

图 3－61

技巧说明：先进入滑行状态，准备开始动作。利用滑板前端的脚慢慢踩下滑板前端，让滑板的尾端处于上扬的状态。让滑板尾端保持上扬的状态，双手展开，维持重心的稳定。慢慢地把滑板的尾端放下，保持身体的平衡，顺利完成技巧动作。

当用力踩在滑板前端时，将脚放在前端，后脚轻轻支撑着尾端。

7. 前翘起

图 3－62

技巧说明：双脚仍然要跨大步一些，在滑行时慢慢将重心从板身中央移动到滑板尾端，等到抬起前端之后，让重心完全保持在尾端。放在前端的脚轻轻地踩在板头即可，不要施加多余的力道。同样要展开双手，保持身体平衡。轻轻将重心由滑板的尾端移动到中间，身体保持展开的状态。

8. 豚跳

滑板前进间身体下蹲，使弯曲的膝盖微触胸部，以集结跳跃动作进行准备。向上跳起间，后脚重踏板尾，前脚微贴板面，以后作力顺势弹起，后脚缩起前脚往斜上方刷，然后双脚平行落地。豚跳是所有滑板特技的基础，是所有滑板特技的技术源头。

图 3－63

技巧说明：在起跳之前为了跳得更高，做半蹲的准备姿势，并将上半身降低。到达起跳点时，滑板尾端的脚要做蓄势待发的动作，将重心迅速移向后方，在调整站姿的瞬间用力踩下尾端，同时用前段的脚擦板。擦板后，滑板与身体将一同飞上半空，接着把膝盖提高，让滑板飞得更高。尾端的脚也要用力抬高，让滑板与双脚平行，这时要注意双脚不能离开滑板。准备着地，看准着地的地点，慢慢伸直膝盖。双脚同时着地，为了保持平衡，着地时膝盖弯曲缓冲，以半蹲姿势着地。

9. 反脚豚跳

图 3－64

前进的方向与豚跳相同，但和豚跳不同的是以反脚发力。

10. 脚尖翻板

图 3－65

技巧说明：也可以跟豚跳一样的站姿，或是前脚往后挪。起跳后，前脚的脚尖往板的侧边擦出去，让滑板翻一整圈，贴脚落地。

二、活力板技巧

1. 扶人练习

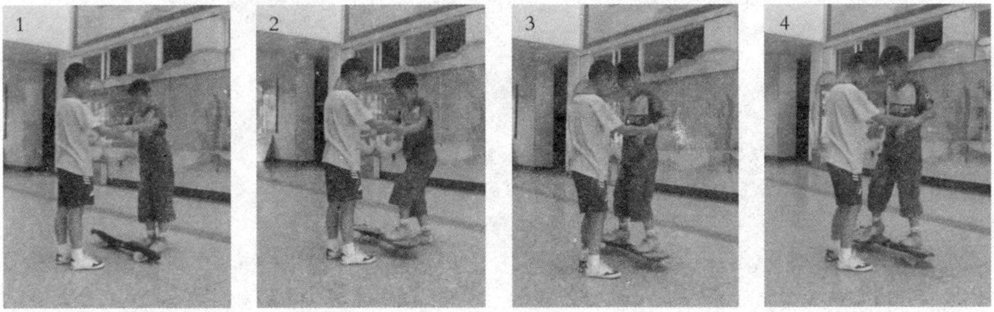

图 3－66

技术重点：

前脚踏板要稳，重心放在两腿之间。

2. 个人扶墙练习

图 3－67

技术重点：

重心放在两脚之间，后脚前后踩板，让板有一个向前的动力。

3. 摔跤

图 3－68

注意：不能用手用力支撑儿面，在跌倒瞬间要有一个缓冲的动作，从手到腿部再到腰部，颈部肌肉要求紧张，抬头。

4. 滑行

图 3－69

技术重点：

①将左脚放在板头。

②左脚继续放在板头，后腿蹬地，向前行进。

③在蹬地有一点速度的基础上，将后脚抬起，放到后面的板上。

④两脚交替踩板，前后交叉，向前滑行。

5. 两轮同时前后滑行

图 3－70

技术重点：

在两脚交替踩板的基础上，变成两只脚同时向前和向后蹬板，注意身体和腿部的配合。

6. 跳跃上板

图 3－71

技术重点：

在一定助跑的距离下，两脚同时跳起，踩到板的前后两个部分，控制身体平衡，前后交替踩板，向前滑行。

7. 两个板接力

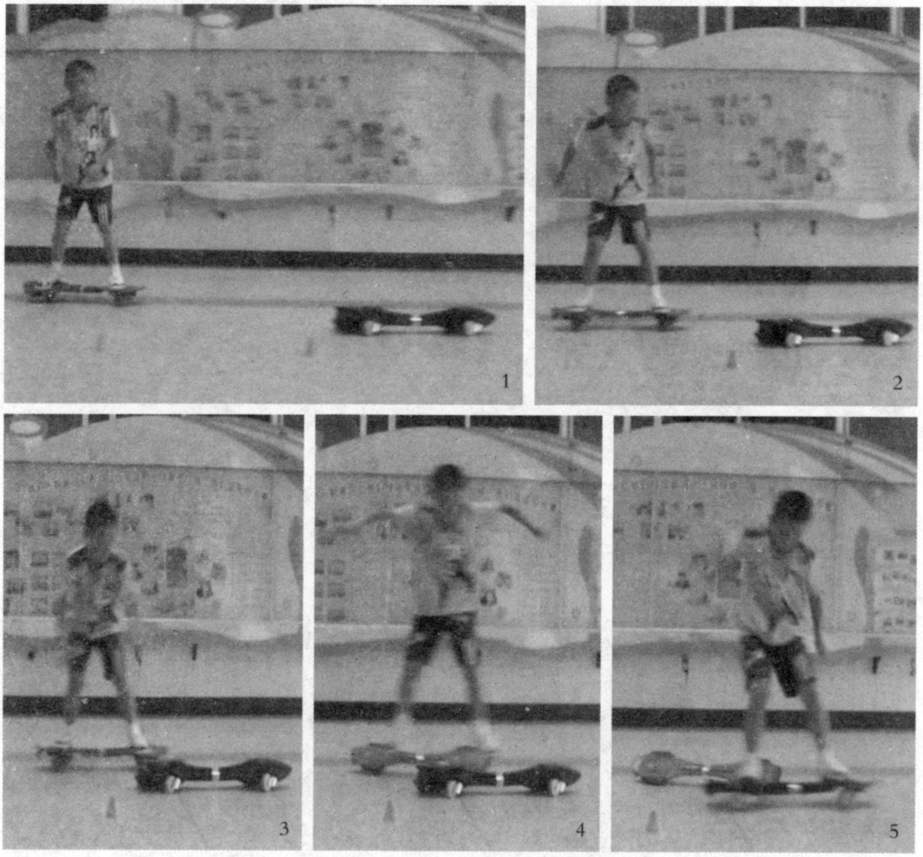

图 3－72

技术重点：

①滑行第一个板时要控制好速度，为跳起做准备。

②两腿膝盖微曲，准备跳起。

③两脚同时跳起，保持身体平衡。

④两脚同时落到下一块板的板头、板尾，注意两脚放松，膝盖微曲缓冲，保持身体姿势，挑战平衡，向前滑行。

8. 绕桩滑行

图 3－73

技术重点：

身体要随脚下动作做相应的调整，保持整个动作的稳定、流畅。

9. 后跟翘起

图 3－74

技术重点：

保持滑行中滑板的平衡，后脚用力将板踩翘起，前脚放松，控制力量。这个动作就是熟能生巧，只要坚持锻炼，就会很快掌握的。

第四节　滑板运动保健知识

近年来，小孩子被滑板“滑倒”的“事故”已越来越多见。特别是放暑假间，摇着滑板、踩着滑轮在小区和广场上飞驰的孩子越来越多，而医院收治的因滑板等运动受伤的孩子也有增多趋势，那么在玩滑板的时候要注意哪些问题呢？

一、准备护具

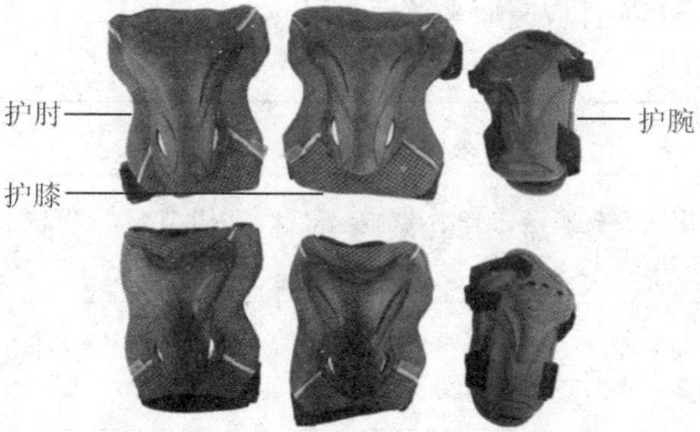

图 3 – 75

二、常见运动损伤类型

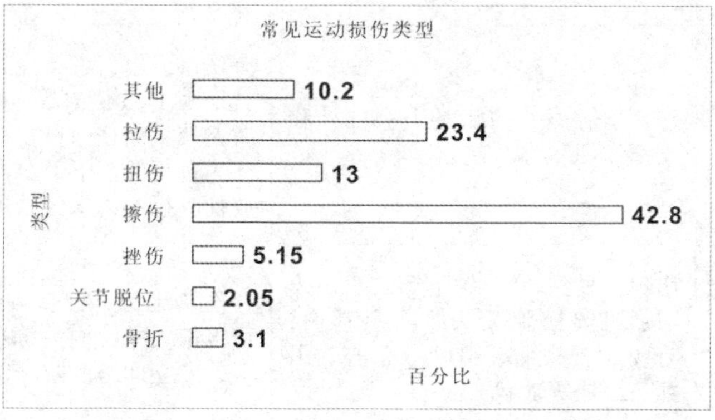

图 3 – 76

从图中可以看出，滑板和轮滑的损伤部位和损伤类型一样。在损伤部位中，腕关节的损伤占了30%；在损伤类型中，擦伤占了42.8%。

三、安全注意事项

①使用前将轮子调整好，使其运转自如。

②要根据自己的使用情况，锁紧螺母，合理调整缓冲垫的弹性。

③要定期给轴承注油，增加轴承的润滑，减少滑行阻力。

④初学者需要在亲友的帮助下，在倾斜角度小的坡面上滑行，随着技术水平的提高，逐步调换不同的坡度。

⑤不要在潮湿或粗糙的路面上滑行，当要跳下滑板时，要观看是否能撞到周围的人或其他物品。

⑥如需换件，其换件应与原来部件为同一个规格型号。

受伤对照表：

	症状	简易处理方法
擦伤	皮肤表皮脱落，有小出血点和组织液渗出	用生理盐水清洗伤口，用红药水（碘伏）消毒，保持伤口干燥
拉伤（扭伤）	局部疼痛、压痛、肿胀、肌肉痉挛，收缩时疼痛加剧	早期冷敷、加压包扎。48小时后用轻缓的手法按摩
挫伤	轻者局部仅有疼痛、压痛、功能障碍；重者皮下出血形成血肿或瘀斑，疼痛和功能障碍明显，可引起休克	局部冷敷，服药包扎。严重者先进行抗休克处理，保温、止痛、止血、矫正休克后，立即送医院治疗
骨折	疼痛、肿胀、功能（失去杠杆和支撑作用）、畸形、震痛等	有伤口或出血者，先处理伤口和出血就地固定，不要无故移动肢体。固定时严禁采用任何修复手法。固定的顺序为骨折的上下部至两端的关节。开放性骨折不可未经处理放回体内
脑震荡	出现几秒到30分钟不等的意识障碍、肌肉松弛无力、面色苍白，有些伴有头痛、呕吐、恶心、出汗、心悸等症状	让伤员平卧，保持安静。如有昏迷，可以掐人中、内关等急救穴位。严重者，要立即送医院

第五节 滑板运动的综合知识

青少年通过学习滑板能够得到哪些益处呢?

1. 健康的身体

滑板运动能够全面锻炼身体，包括骨骼系统、肌肉系统、神经系统等等。在运动中，孩子们能够发展灵敏、协调、速度、耐力等等各项身体素质。

图 3－77

图 3－78

2. 积极乐观的人生态度

滑板的趣味性非常高，能够给运动参与者带来成功的喜悦和满足感，在运动中体会“阳光总在风雨后”的道理。只有通过自己不断的努力才能够获得成功的喜悦，培养青少年积极乐观的人生态度。

3. 坚强的意志品质

滑板是一项技巧性非常高的运动项目，要掌握高超的滑板技巧就要付出艰辛的努力和经历不断的失败，在挫折中不断成长。通过学习滑板，孩子们能够锻炼出坚韧不拔的意志品质。

图 3－79

图 3－80

图 3－81

图 3－82

4. 过硬的心理素质

滑板中有些技巧动作是具有很大危险性的，在锻炼过程中如果失败，轻则擦伤，重则骨折，甚至头破血流。通过不断的跌倒、爬起，将会养成面对困难沉着冷静、头脑清晰、心态端正的良好心理素质，这也将是一生的财富。

图 3 - 83

图 3 - 84

第四章　体育舞蹈运动

第一节　体育舞蹈概述

体育舞蹈又称国际标准交谊舞，分为摩登舞（现代舞）和拉丁舞两个项群，有十个舞种。

摩登舞，14～15世纪产生于意大利，1768年巴黎出现了世界上第一家舞厅，从此它流行于欧美各国。为了更好地促进摩登舞的发展，1924年，英国皇家舞蹈教师协会规范了华尔兹、探戈、狐步、快步四种摩登舞。随着社会的不断发展，体育舞蹈已经不仅是一种自娱性舞蹈，而发展成为一种艺术高、技术性强的表演和竞技性舞蹈。

拉丁舞起源于非洲和拉丁美洲。1950年正式举行了世界杯交际舞锦标赛，1960年拉丁舞成为世界交际舞锦标赛的比赛项目，1964年以后又加入了新的表演及比赛内容，这就是“团体舞”，团体舞是由原来一对对舞手们的单项对舞发展为八队舞伴一起共舞，以纯熟的舞步和谐地配合，出神入化的队形变化，使欢快的音乐和高超的技巧达到完美的统一。

随着体育舞蹈水平的不断提高，国际比赛分出专业和业余两个级别。国际舞蹈组织为了将国际标准交谊舞纳入体育竞技项目，积极争取加入奥运会，将其称之为“体育舞蹈”。因此，国际标准交谊舞即体育舞蹈。

20世纪30年代国际标准交谊舞传入我国，80年代发展较快，先后与日本、美国、英国等国家进行交流活动。1987年举办了首届全国国际标准交谊舞比赛，1991年举行了首届全国体育舞蹈锦标赛。1991年成立中国体育舞蹈运动协会，随着国际体育舞蹈联合会被国际奥委会承认，2002年改名为“中国体育舞蹈联合会”。我国体育舞蹈实力也在不断上升，特别是业余标准舞选手杨超、谭轶凌经常能在世界级大赛中取得优异成绩。我国的体育舞蹈水平已经在亚洲确立了相对稳固的地位。

第二节　体育舞蹈的分类

体育舞蹈按舞蹈的风格和技术结构，分为摩登舞和拉丁舞两大类；按竞赛项目可分成三类：摩登舞、拉丁舞和团体舞（队形舞）。

一、摩登舞

摩登舞包括华尔兹、探戈、狐步、快步、维也纳华尔兹 5 种舞。它融合音乐、舞蹈、服装、风度、体态美于一体。舞蹈时，男性挺拔刚健、气宇轩昂；女性婀娜轻盈、高贵典雅。摩登舞兼有文艺和体育的双重特点，是具有自娱性和表演性的竞技舞蹈，是强健体魄、陶冶情操的一种很好的形式。

1. 华尔兹（Waltz）

华尔兹舞（图 4－1）也被称为圆舞，是现代舞中历史最悠久、生命力最强的舞蹈形式。“华尔兹”一词最初来自古德国文 Walze1，意思是“滚动”“旋转”或“滑动”。3/4 拍子的圆舞早在 12 世纪的德国巴伐利亚和奥地利维也纳地区的农民中流行，17 世纪进入维也纳宫廷，18 世纪被誉为“欧洲宫廷舞之王”，19 世纪初传入美国波士顿，20 世纪重返欧洲，并以新的“慢华尔兹”的形式席卷欧洲大陆。

2. 探戈（Tango）

探戈舞图（4－2）起源于非洲中西部的民间舞蹈探戈诺舞。16 世纪末至 17 世纪初，随着贩卖黑奴进入美洲，融合了拉美民间舞蹈风格，形成了舞姿优雅洒脱的墨西哥探戈和舞姿挺拔、舞步豪放健美的阿根廷探戈。随后传入欧洲，融汇欧洲民间舞蹈，尤其是受西班牙民间舞蹈的影响，在原有豪放洒脱的基础上，渗入了幽雅含蓄的情趣，成了西班牙探戈、意大利探戈和英国皇家式探戈。现在跳的探戈大家称之为欧洲闪式探戈。

图 4－1

图 4－2

3. 狐步舞（Slow Foxtrot）

狐步舞（图 4－3）起源于美国黑人舞蹈。1913 年，美国演员哈利·福克斯模仿马在慢步行走时的动作上编创含着美国新黑人爵士节奏的舞蹈，迅速在全美风行。人们因此称狐步为“福克斯”。现在国际上跳的狐步舞是英国的约瑟芬·宾莉改编的。

4. 快步舞（Quick Step）

快步舞（图 4－4）从美国民间舞“P. E. E. P BODY”改编而成，早期快步舞吸收了快狐步动作，后又引入芭蕾的小动作，使动作更显轻快灵巧。现在大家跳的是英国式的快步舞就是这样发展而来的。

图 4－3

图 4－4

5. 维也纳华尔兹（Viennese Waltz）

维也纳华尔兹（图 4－5）起源于奥地利北部山区农民舞，是历史最悠久的舞蹈。维也纳华尔兹舞的风格特点是动作舒展大方，连绵起伏，节奏清晰，旋律活泼，动作优美，舞步轻快、流畅、旋转性强。

图 4－5

二、拉丁舞

拉丁舞起源于非洲和拉丁美洲，具有热情、奔放、浪漫的风格特点。舞蹈动作豪放粗犷，速度多变，手势和脚步内容丰富，充满激情，音乐节奏鲜明强烈，尤为中青年人所宠爱。

1. 伦巴（Rumba）

现代伦巴舞（图4－6）是由古巴舞蹈吸收16世纪非洲黑人舞蹈和西班牙“波莱罗”舞蹈逐渐完善。20世纪20至50年代又受美国爵士乐和舞蹈的影响。20世纪30年代初，皮埃尔夫妇在英国表演和推广古巴伦巴舞受到极大欢迎，风行欧洲。

2. 恰恰恰（Cha Cha Cha）

恰恰恰舞（图4－7）由非洲传入拉美后，在古巴获得很大发展，它是模仿企鹅姿态创编的舞蹈。在动作编排上一反男子领舞的习惯，男女动作不求统一整齐，且多半是男子随后。恰恰舞的音乐曲调欢快有趣，4/4拍，每分钟29～32小节。4拍跳5步（2、3、4&1）。恰恰恰由于名称动听，节奏欢快易记，邦伐斯鼓和沙球的咯咯沙沙声与动作相吻合，舞蹈又有诙谐、花哨的风格，所以倍受欢迎，是拉丁舞中最流行的舞蹈。

图4－6

图4－7

3. 牛仔舞（Jive）

牛仔舞（图4－8）原是美国西部，20世纪20至30年代盛行的牛仔舞蹈，舞步带有踢踏动作。节奏快速兴奋，动作粗犷，带有举持舞伴和甩动的技巧，是表现人强健体魄和自由奔放情绪的舞蹈，具有独特的魅力。后经规范进入社交界和表演舞范畴。第二次世界大战期间传入英国，获得迅速推广。牛仔舞音乐4/4拍，每分钟42～44小节，舞曲欢快，有跃动感，舞步丰富多变，其强烈的扭摆和连续快速的旋转，常使人眼花缭乱，亢奋热烈。

4. 桑巴舞（Samba）

桑巴舞（图4－9）是从巴西农村的摇摆桑巴舞传入城市演变而来的，后在里约热内卢狂欢节上公开表演后凭它微妙的节奏和强烈的感情倾倒了巴西人，逐步形成为巴西的民族舞、是巴西音乐和舞蹈的灵魂。20世纪20至30年代桑巴舞传人欧美。桑巴舞的风格特点是动作粗犷、起伏强烈、舞步奔放、敏捷、富有强烈的感染力。由于它在移动时沿舞程线绕场进行，因此它是拉丁舞中行进性的舞蹈。桑巴舞音乐2/4拍，每分钟48～56小节。

图4－8

图4－9

5. 斗牛舞（Paso Doble）

斗牛舞（图4－10）起源于西班牙，是模仿西班牙斗牛士动作，有西班牙风格的进行曲伴舞的一种拉丁舞。在舞蹈中，男士象征斗牛士，女士象征斗牛士的斗篷，因此舞蹈应表现出男子强壮英武和豪迈昂扬的气概。斗牛舞音乐2/4拍，每分钟60～62小节，一拍跳一步。斗牛舞特色鲜明，风格迷人。

三、团体舞（队形舞）

图 4－10

团体舞是现代舞或拉丁舞的混合舞，由 8 对选手组成，借助音乐的引导，将 5 种舞蹈在变化莫测的队形变动中编织出丰富多样的图案，它将音乐、舞姿、队形、图案和选手们的和谐配合融为一体，达到了完美的统一，使体育舞蹈的风格特点得到了更为鲜明的表现。同一系列的舞种除在风格和内容上有其共同特点外，每个舞种在步法、节奏、技术处理以至风格上都有自己的独特之处。

第三节　运动特点

体育舞蹈是由属于文艺范畴的舞蹈演变而来的体育项目，它兼有文艺和体育的特点，是介于文艺和体育之间的边缘项目，是以竞赛为目的，具有自娱性和表演观赏性的竞技舞蹈。它具有以下三个特点：

1. 严格的规范性

规范性首先表现在体育舞蹈是一个完整的舞蹈系统，如同中国古典舞和西方芭蕾舞一样，它经过了数百年历史的锤炼，几代人的加工而成；其次表现在技术的规范性上，它严格到多一分嫌过，少一分欠火。

2. 表演观赏性

体育舞蹈融音乐、舞蹈、服装、风度、体态美于一体，既有观赏的价值又有参与的可能，被认为是一种“真正的艺术”。

3. 体育性

体育性一方面体现在竞技性，即比赛成绩，拿冠军，为国争光；另一方面表现在锻炼价值上，从 20 世纪 60 年代至今，许多科研人员对体育舞蹈的生理和心理作用做过研究，通过对人体能量代谢、能量消耗和心率变化的测定，显示出华尔兹和探戈的能量代谢为 7.57，高于网球的 7.30，与羽毛球的 8.0 相近；体育舞蹈的最高心率为：女子 197 次/分，男子 210 次/分。可见，体育舞蹈引起的生理变化是明显的，它对于陶冶情操、锻炼体魄有着极大的作用。

第四节　主要技巧

一、拉丁舞

动作示范：

成都市锦西外国语实验小学三年级2班　　张怡宁（男）

成都市棠湖外国语学校三年级4班　　杨舒羽（女）

（一）伦巴

伦巴舞在拉丁舞中是一项具有独特魅力的舞蹈，它的音乐风格缠绵，舞蹈风格柔美而抒情，以表达情侣之间的爱情为主题，被称为拉丁舞之魂。

伦巴舞的音乐是4/4拍，音乐速度为每分钟27～31小节。

1. 基本动作步（图4－11）

男士：闭式位开始，开立，重心放右脚。

步数	脚位	转度	拍数
1	左脚向前		2
2	重心回到右脚		3
3	左脚向侧	开始左转，1～3完成左转1/8或1/4	4、1
4	右脚向后	4～6完成左转1/8或1/4	2
5	重心放回左脚		3
6	右脚向侧		4、1

女士：闭式位开始，开立，重心放左脚。

步数	脚位	转度	拍数
1	右脚向后		2
2	重心回到左脚		3
3	右脚向侧	开始左转，1～3完成左转1/8或1/4	4、1
4	左脚向前	4～6完成左转1/8或1/4	2
5	重心回到左脚		3
6	左脚向侧		4、1

图 4 – 11

2. 扇形（图 4 – 12）

男士：闭式位开始，重心放右脚。

步 数	脚 位	转 度	拍 数
1 ~ 3 4 5 6	同基本动作 1 ~ 3 右脚向后 重心回左脚 右脚向横侧	1 ~ 3 向左转 1/8	2、3、4、1 2 34、1

注：第 4 步用右手引导女士向前，第 4 步时用左手引导她退到男士左侧。4 ~ 6 也可左转 8/1。

女士：闭式位开始，重心放左脚。

步数	脚位	转度	拍数
1~3	同基本动作 1~3		2、3、4、1
4	左脚向前	1~3 向左转 1/8	2
5	右脚向后稍右	开始左转，4~6 完成左转 1/4	3
6	左脚向后		4、1

图 4－12

3. 曲棍步（图 4－13）

男士：扇形位开始，结束于开式位。

步数	脚位	转度	拍数
1	左脚向前		2
2	重心回到右脚		3
3	左脚靠近右脚		4、1
		开始右转，4~6 右转 1/8	
4	右脚向后		2
5	重心回到左脚		3
6	右脚向前		4、1

注：第 1 步时男士引导女士靠近，第 2~3 步时逐渐抬高左臂，第 5 步时引导女士左转并逐渐放低左臂。

女士：扇形位开始。

步数	脚位	转度	拍数
1	左脚靠近左脚		2
2	左脚向前		3
3	右脚向前		4、1
		开始左转，4~6 完成左 5/8	
4	左脚向前		2
5	右脚向后稍侧		3
6	左脚后退		4、1

图 4－13

4. 手接手（图 4－14）

男士：开始于面对双手环握，重心放右脚。

步数	脚位	转度	拍数
1	左脚向后	左转 1/4	2
2	重心回到右脚		3
3	左脚向侧	2～3 完成右转 4/1	4、1
4	右脚向后	右转 1/4	2
5	重心回到左脚		3
6	右脚向侧	5～6 完成左转 1/4	4、1
7～9	重复 1～3		2、3、4、1

注：男士引导女士转动，在第 1 步和第 7 步放开左手，第 3 步和第 6 步恢复双手环握，第 4 步时放开右手。

女士：开始于面对双手环握，重心放在左脚。

步数	脚位	转度	拍数
1	右脚向后	右转 1/4	2
2	重心回到左脚		3
3	右脚向侧	2～3 完成左转 1/4	4、1
4	左脚向后	左转 1/4	2
5	重心回到右脚		3
6	左脚向侧	5～6 完成右转 1/4	4、1
7～9	重复 1～3		

图 4－14

（二）桑巴

桑巴起源于巴西，音乐为 2/4 拍，速度为每分钟 40～56 小节，舞蹈风格欢快、热烈、兴奋。

1. 基本动作（图 4－15）

男士：开始、结束于闭式位，有弹跳。

步数	脚位	转度	拍数
1	左脚向前	/	1
2	右脚靠近左脚	/	a
3	重心回到左脚	/	2
4	右脚向后	/	1
5	左脚靠近右脚	/	a
6	重心回到右脚	/	2

女士：开始、结束于闭式位，有弹跳。

步数	脚位	转度	拍数
1	右脚向后	/	1
2	左脚靠近右脚	/	a
3	重心回到右脚	/	2
4	左脚向前	/	1
5	右脚靠近左脚	/	a
6	重心回到左脚	/	2

图 4－15

2. 叉形步（图 4－16）

男士：开始、结束于闭式位，面对墙壁，有弹跳。

步数	脚位	转度	拍数
1	右脚向侧	/	1
2	左脚在右脚后，脚尖稍外转	/	a
3	重心回右脚	/	2
4	左脚向侧	/	1
5	同 2 唯左右互换	/	a
6	重心回左脚	/	2

女士：第 1 至 3 步同男士第 4 至 6 步，第 4 至 6 步同男士第 1 至 3 步。

图 4－16

3. 伏尔塔动作（图 4－17）

男士、女士：开始位置随意，有弹跳。

步数	脚位	转度	拍数
1	左脚在右脚前左脚尖外转	/	1
2	右脚向侧稍后脚尖外开	/	a
3	左脚抽至右脚前，脚尖外转	/	2
4 ~ 7	重复 2 和 3 两次	/	a 1 a 2
8	同 2	/	a

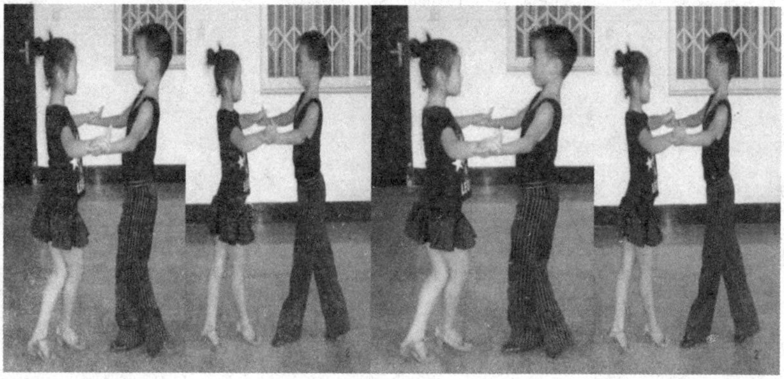

图 4－17

（三）恰恰恰

恰恰恰舞曲为 4/4 拍，速度为 29 ~ 32 小节/分钟，其节奏为 1、2、3、4&1，其拍子值为 1 拍、1 拍、1/2 拍、1 拍，拍子的 1、2、3 各走一步，第 4 拍是两步，因此恰恰恰舞由 5 步构成。

1. 基本动作（图 4－18）

男士：闭式位开始，重心放右脚。

步数	脚位	转度	拍数
1	左脚向前	/	2
2	重心回到右脚	/	3
3 ~ 5	向左追步	/	4&1
6	右脚向后	/	2
7	重心回到左脚	/	3
8 ~ 10	向右追步	/	4&1

女士：闭式位开始，重心放左脚。

步数	脚位	转度	拍数
1	右脚向后	/	2
2	重心回到左脚	/	3
3～5	向后追步	/	4&1
6	左脚向前	/	2
7	重心回到右脚	/	3
8～10	向左追步	/	4&1

图 4－18

2. 扇形（图 4－19）

男士：开始于闭式位，重心放右脚。

步数	脚位	转度	拍数
1	左脚向前	1～5 左转 1/8	2
2	重心回右脚		3
3～5	向左追步		4&1
6	右脚向后		2
7	重心回左脚		3
8～10	向后追步		4&1

女士：开始于闭式位，重心放左脚。

步数	脚位	转度	拍数
1	右脚向后		2
2	重心回左脚		3
3～5	向右追步	1～5 左转 1/8	4&1
6	左脚向前	7～10 左转 1/4	2
7	右脚向后偏右，松开左手		3
8～10	向后锁步		4&1

图 4－19

3. 手接手（图 4－20）

男士：面对双手环握开始。

步数	脚位	转度	拍数
1	左脚向后	左转 1/4	2
2	重心回右脚	2～5 完成右转 1/4	3
3～5	向左追步		4&1
6	右脚向后	右转 1/4	2
7	重心回左脚	7～10 完成左转 1/4	3
8～10	向右追步		4&1

女士：开始并结束于面对双手环握。第 1 至 5 步同男士第 6 至 10 步，第 6 至 10 步同男士第 1 至 5 步。

注：在第 1 步上男士放开左手用右手引导女士右转，在第 5 步上经环握后放开右手用左手引导女士左转。

图 4－20

4. 曲棍步（图 4－21）

男士：开始于扇形。

步 数	脚 位	转 度	拍 数
1	左脚向前		2
2	重心回右脚		3
3～5	向左追步	7～10 右转 1/8	4&1
6	右脚小步向后		2
7	重心回左脚		3
8～10	向前锁步		4&1

注：男士在第 2 至 5 步上引导女伴向前并抬高左臂，在第 6 至 10 步上引导女伴左转，结束于开式位。第 3 至 5 步男士可以做滑动追步。

女士：开始于扇形。

步 数	脚 位	转 度	拍 数
1	右脚靠近左脚		2
2	左脚向前		3
3～5	向前锁步	左转 1/8	4&1
6	左脚向前	7～10 左转 1/2	2
7	右脚向后偏右		3
8～10	向后锁步		4&1

图 4－21

（四）斗牛（图 4－22）

斗牛舞音乐为 2/4 拍，速度为每分钟 60～62 小节，一小节两拍，数为“1、2”。音乐有时也可以是 3/4 和 6/8 拍，只适用于表演。

斗牛舞的步型有：

1. 向右追步

男士：开始、结束于面对位，面对中央。

步数	脚位	转度	拍数
1	右脚向侧	/	1
2	左脚并右脚	/	2
3	右脚向侧	/	1
4	左脚并右脚	/	2

女士：面对墙。第 1 至 4 步同男士第 1 至 4 步，唯左右互换。

图 4－22

2. 向左追步（图 4 – 23）

男士：开始、结束于近面对位。

步 数	脚 位	转 度	拍 数
1	右脚跺脚	/	1
2	左脚向侧	/	2
3	右脚并左脚	/	1
4	左脚向侧	/	2

女士：第 1 至 4 步同男士第 1 至 4 步，唯左右互换。

图 4 – 23

3. 刺枪步（图 4 – 24）

男士：开始、结束于闭式位。面对墙壁。

步 数	脚 位	转 度	拍 数
1	左脚向侧	/	1
2	右脚向前点地左脚屈膝	向左 90°	2
3	右脚收回并左脚	向右转 90°	3
4	左脚向后右脚屈膝	向左转 90°	4
5	右脚收回向左	向右转 90°	5
6	右脚并左脚	/	6

女士：第1至6步同男士，唯方向互换。

图4－24

（五）牛仔舞

牛仔舞起源于美国，音乐为4/4拍，速度为每分钟40～46小节。舞蹈风格欢快、热烈、诙谐、风趣。

牛仔舞的步型有：

1. 并退摇摆步（图4－25）

男士：开始、结束于闭式位。

步数	脚位	转度	拍数
1	左脚向后	向左转1/8转	1
2	重心回右脚	开始向右转，2～5完成	2
3～5	向左追步	右转1/8	3a4
6～8	向右追步	/	3a4

女士：

步数	脚位	转度	拍数
1	右脚向后	向右转 1/8 转	1
2	重心回左脚	开始向左转，2~5 完成	2
3~5	向右追步	左转 1/8	3a4
6~8	向左追步	/	3a4

图 4-25

2. 左向右换位（图 4-26）

男士：开始、结束于开式位。

步数	脚位	转度	拍数
1	左脚向后	/	1
2	重心回右脚	开始向右转，2~5 完成 1/4 转	2
3~5	原地追步	/	3a4
6~8	向前追步（小）	/	3a4

女士：

步数	脚位	转度	拍数
1~2	同连步摇摆的 1~2	2 开始向左转	1
3~5	向右追步	/	2
6~8	向左后追步	/	3a4

图 4－26

3. 美式疾转（图 4－27）

男士：开始、结束于开式位。

步 数	脚 位	转 度	拍 数
1～2	同并退的 1～2	/	1、2
3～5	原地追步	/	3a4
6～8	原地追步	/	3a4

女士：

步 数	脚 位	转 度	拍 数
1～2	同并退的 1～2	/	1、2
3～5	向前追步	/	3a4
6～8	向左右追步	/	3a4

图 4－27

二、摩登舞

动作示范：成都体育学院体育系2006级　　蒋祥东（男）

成都体育学院体育系2007级　　田林凤（女）

（一）华尔兹（Waltz）

华尔兹舞的风格是典雅大方、动作流畅、旋转性强，热烈而兴奋，它以此起彼伏、接连不断地潇洒转体，配以华丽的服装、优美的音乐，使其至今仍然保持着“舞蹈之王”的美称。它的音乐是3/4拍，每分钟跳30~32小节（职业组为27~29小节），舞步基本上是一拍跳一步，每小节三步，但是在各舞步中也有不同的变化，如前进锁步中是每小节跳四步。

1. 前进并换步

男士：（图4-28）

步数	节奏	要领	脚法	方位	升降	转度	反身动作	倾斜
1	1	左脚前进	跟掌	面向舞程线	结尾开始上升	不转	/	/
2	2	右脚经左脚横步	掌	面向舞程线	继续上升	/	/	左
3	3	左脚并于右脚	掌	面向舞程线	继续上升结尾下降	/	/	左
4	1	右脚前进	跟掌	面向舞程线	结尾开始上升	/	/	/
5	2	左脚经右脚横步	掌	面向舞程线	继续上升	/	/	右
6	3	右脚并于左脚	掌	面向舞程线	继续上升结尾下降	/	/	右

注：表格中的方位是指在一个舞步结束时，双脚（并非身体）在舞池中指示的方位。身体的位置有时也是概括在方位中，因为在舞步中身体和脚的转度不同，所以应分别叙述。

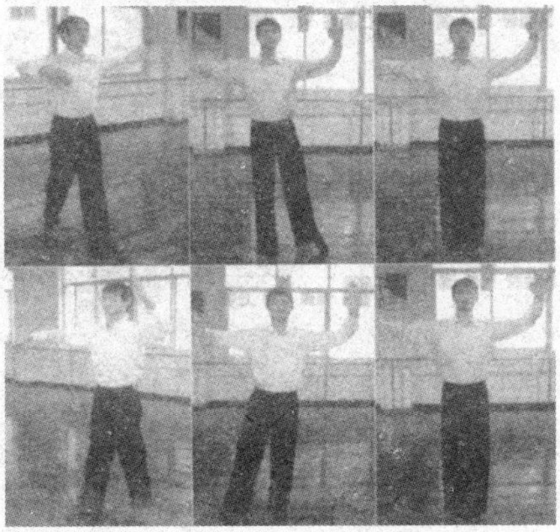

图4-28

女士：（图 4－29）

步数	节奏	要领	脚法	方位	升降	转度	反身动作	倾斜
1	1	右脚后退	掌跟	背向舞程线	结尾开始上升	不转	/	/
2	2	左脚经右脚横步	掌	背向舞程线	继续上升	/	/	右
3	3	右脚并于左脚	掌	背向舞程线	继续上升结尾下降	/	/	右
4	1	左脚后退	掌跟	背向舞程线	结尾开始上升	/	/	/
5	2	右脚经左脚横步	掌	背向舞程线	继续上升	/	/	左
6	3	左脚并于右脚	掌	背向舞程线	继续上升结尾下降	/	/	左

动作提示：在这个动作的配合中，处于后退的一方一定要给前进的一方让开位置，第一步中身体没有任何的变化，在跳第二步时，男女伴的身体要向侧倾斜，升到最高点时，重心落下后才能够走下一个步法。

图 4－29

2. 后退并换步

男步：（图 4 – 30）

步数	节奏	要领	脚法	方位	升降	转度	反身动作	倾斜
1	1	右脚后退	掌跟	背向舞程线	结尾开始上升	不转	/	/
2	2	左脚经右脚横步	掌	背向舞程线	继续上升	/	/	右
3	3	右脚并于左脚	掌	背向舞程线	继续上升结尾下降	/	/	右
4	1	左脚后退	跟掌	背向舞程线	结尾开始上升	/	/	/
5	2	右脚经左脚横步	掌	背向舞程线	继续上升	/	/	左
6	3	左脚并于右脚	掌	背向舞程线	继续上升结尾下降	/	/	左

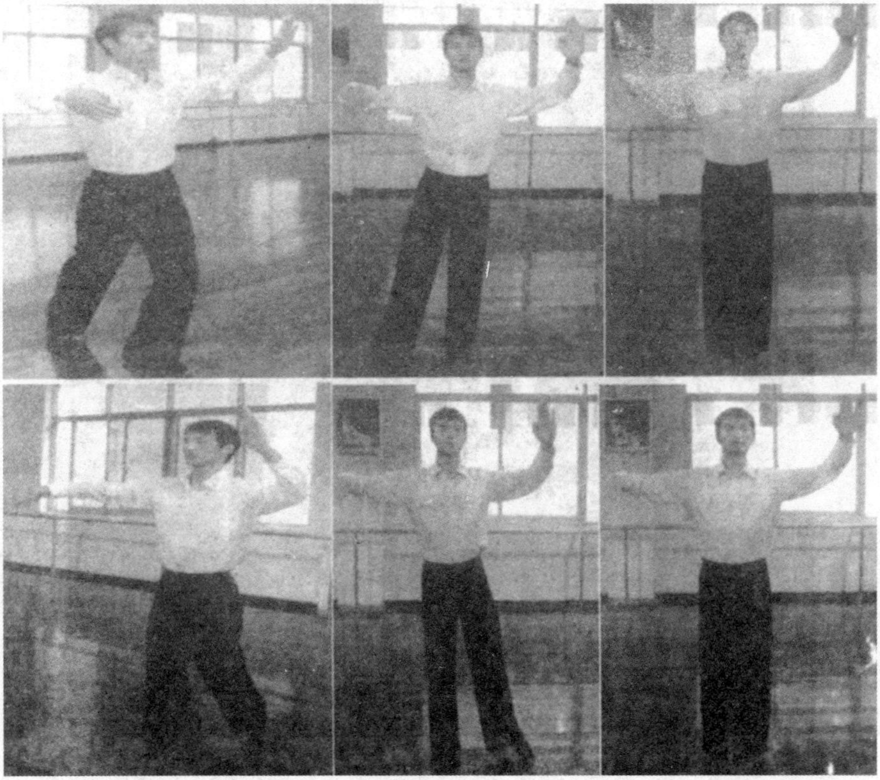

图 4 – 30

女士：（图 4－31）

步数	节奏	要领	脚法	方位	升降	转度	反身动作	倾斜
1	1	左脚前进	掌跟	面向舞程线	结尾开始上升	/	/	/
2	2	右脚经左脚横步	掌	面向舞程线	继续上升	/	/	右
3	3	左脚并于右脚	掌	面向舞程线	继续上升结尾下降	/	/	右
4	1	右脚前进	掌跟	面向舞程线	结尾开始上升	/	/	/
5	2	左脚经右脚横步	掌	面向舞程线	继续上升	/	/	左
6	3	右脚并于左脚	掌	面向舞程线	继续上升结尾下降	/	/	左

动作提示：这个步法的配合，要求向前进并换步。为了更好地完成比较复杂的高难度动作，要求学生反复练习最基本的舞步，在基本功夫上下功夫。

图 4－31

（二）探戈（Tango）

探戈舞的风格是：动作交织，潇洒奔放，头部左顾右盼，快速转动。舞曲为

2/4 拍，每分钟 30 ~ 34 小节。音乐的特点是以切分音为主，带有附点和停顿。舞步分 S 和 Q，其中，S 占 1 拍，Q 占半拍。跳探戈舞时、要求膝关节松弛，微屈，重心下沉，脚下干净利落，不拖泥带水。

1. 常步

男士：（图 4 – 32）

步数	节奏	要领	脚法	方位	转度	反身动作
1	S	左脚前进	掌跟	面向斜墙壁	/	反身动作位置
2	S	右脚前进右肩引导	掌跟	面向舞程线	左转 1/8	/
3	Q	左脚前进	掌跟	面向斜墙壁	开始右转	反身动作位置
4	Q	右脚跟上成基本站位姿势	全掌	面向斜墙壁	右转 1/8	/

图 4 – 32

2. 直行侧步（图 4 – 33）

这个舞步男士从左脚开始共有 3 步，但在第 2 步之间可增加 1 个慢拍，用来完成身体的转动及刷脚的过程。

第 1 步：左脚在反身动作位置中向前，朝斜壁移动脚跟。

第 2 步：在第 1 步与第 2 步之间转向左，朝向舞池的斜中央，右脚向侧稍后，此时一定会全足内缘着地，舞步不易过大，双脚保持稍微内扣。

第 3 步：扭动身体向左同时重心全部移向右脚的过程中，左脚刷向右脚，双脚内侧合拢，仍然朝向斜中央。

第 4 步：左脚刷向右脚并未停留且在反身动作位置中脚跟向前。

图 4－33

（三）狐步舞（Slow Foxtrot）

舞曲为4/4拍，每分钟30小节左右。跳狐步舞时，要求身体挺直，膝关节放松，臀部和髋要固定。由于狐步舞的特点是舞步平稳、自在悠闲、动作流畅，加上音乐优雅、恬静、婉柔流利，故上身动作多变，大多数采用了反身动作位置，使其舞蹈特性更加文雅，舞步变化多样，需要舞伴之间配合更加默契。

1. 羽步

男士：（图4－34）

步数	节奏	要领	脚法	方位	升降	转度	倾斜	反身动作
1	S	右脚前进	跟掌	面向斜中央	结尾上升	/	/	/
2	Q	左脚前进左肩引导向外侧舞伴	掌	面向斜中央	保持上升	/	右	/
3	Q	在反身动作位置中右脚外侧前进	掌跟	面向斜中央	保持上升结尾下降	/	右	/
4	S	左脚前进	跟掌	面向斜中央	/	不转	/	轻微

图 4－34

女士:(图4-35)

步数	节奏	要领	脚法	方位	升降	转度	倾斜	反身动作
1	S	左脚后退	掌跟	背向斜中央	结尾上升足不升	/	/	轻微
2	Q	右脚前进肩引导	掌跟	背向斜中央	保持上升足不升	/	左	/
3	Q	在反身动作位置中左脚后退	掌跟	背向斜中央	保持上升足不升,结尾下降	/	左	/
4	S	右脚后退	掌跟	背向斜中央	/	/	/	轻微

图4-35

2. 三直步

男士:(图4-36)

步数	节奏	要领	脚法	方位	升降	转度	反身动作	倾斜
1	S	左脚前进	跟掌	面向斜墙壁	结尾上升平稳	不转	轻微	/
2	Q	右脚前进右肩引导	跟掌	面向斜墙壁	结尾上升	/	/	左
3	Q	左脚前进	掌跟	面向斜墙壁	保持上升结尾下降	/	/	右

图 4－36

女士：（图 4－37）

步数	节奏	要领	脚法	方位	升降	转度	反身动作	倾斜
1	S	右脚后退	掌跟	背向斜墙壁	结尾保持平稳	不转	轻微	／
2	Q	右脚后退 左肩引导	掌跟	背向斜墙壁	结尾上升，足不升	／	／	右
3	Q	右脚后退	掌跟	背向斜墙壁	保持平稳足不升， 结尾下降	／	／	右

图 4－37

（四）快步舞（Quick Step）

快步舞的音乐是4/4拍，每分钟50～52小节，舞步的一般节奏为1234、1234……以小节与节拍计算，数完第一节后，累计下一个节拍，继续数，如1234、2234、3234等等。

1. 后退锁步

男士或女士：（图4－38）

步数	节奏	要领	脚法	方位	升降	转度	反身动作	倾斜
1	S	在反身动作位置及外侧舞伴中左脚后退	掌跟	面向斜墙壁	结尾开始上升	开始右转	轻微	/
2	Q	右脚后退	掌	背向中央	继续上升	1～2转1/8	/	右
3	Q	左脚交叉于右脚后	掌	背向斜中央	继续上升	2～3转1/8	/	右
4	S	右脚后退稍向右	跟掌	背向斜中央	保持上升结尾下降	不转	/	/

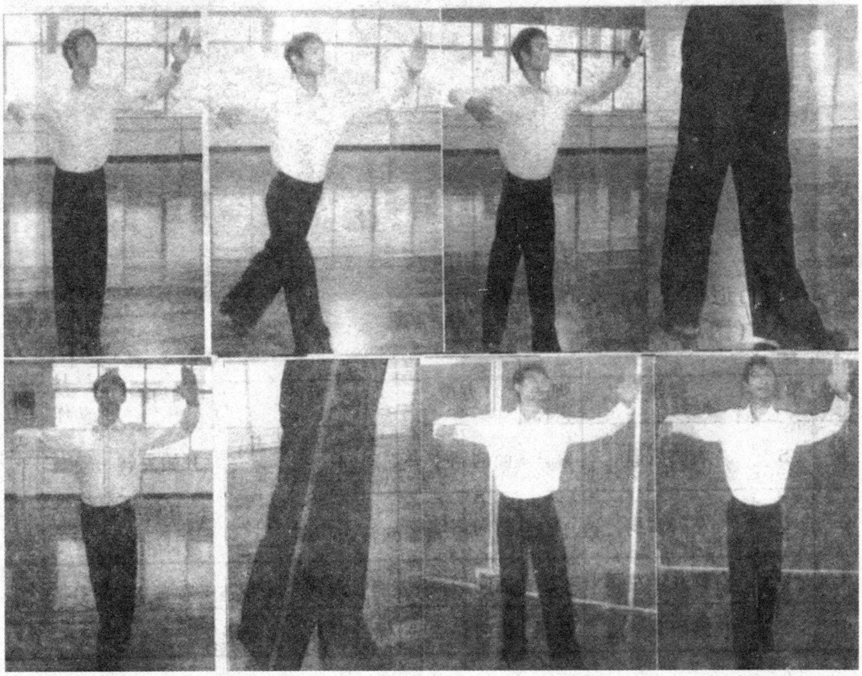

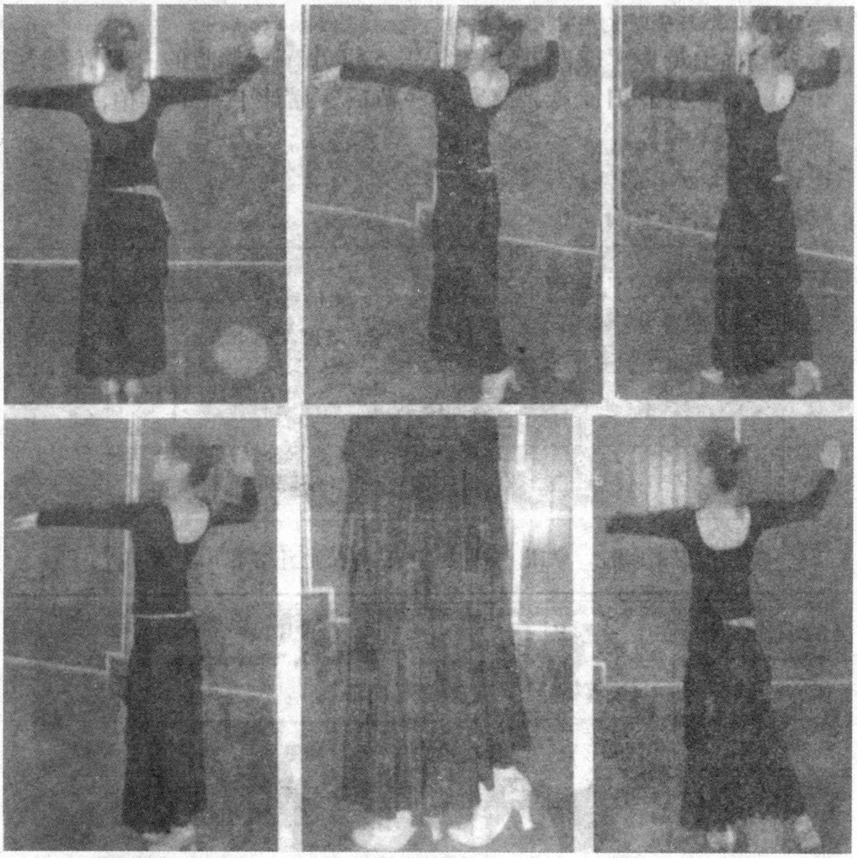

图 4 - 38

2. 直行追步

男士：(图 4 - 39)

步数	节奏	要领	脚法	方位	升降	转度	反身动作	倾斜
1	S	右脚后退	掌跟	面向斜中央	结尾开始上升，足不升	开始左转	轻微	/
2	Q	左脚横步	掌	指向斜墙壁	继续上升	1 ~ 2 转 1/4 身体稍转	/	/
3	Q	右脚并于左脚	掌	面向斜墙壁	继续上升	/	/	/
4	S	左脚横步稍前	掌跟	面向斜墙壁	保持上升结尾下降	/	/	/

图 4－39

女士：（图 4－40）

步数	节奏	要领	脚法	方位	升降	转度	反身动作	倾斜
1	S	左脚前进	跟掌	面向斜中央	结尾上升，足不升	开始左转	轻微	/
2	Q	右脚横步	掌	背向墙壁	继续上升	1～2 转 1/4 身体稍转	/	/
3	Q	左脚并于右脚	掌	背向斜墙壁	继续上升	/	/	/
4	S	右脚横步稍后	掌跟	背向斜墙壁	保持上升结尾下降	/	/	/

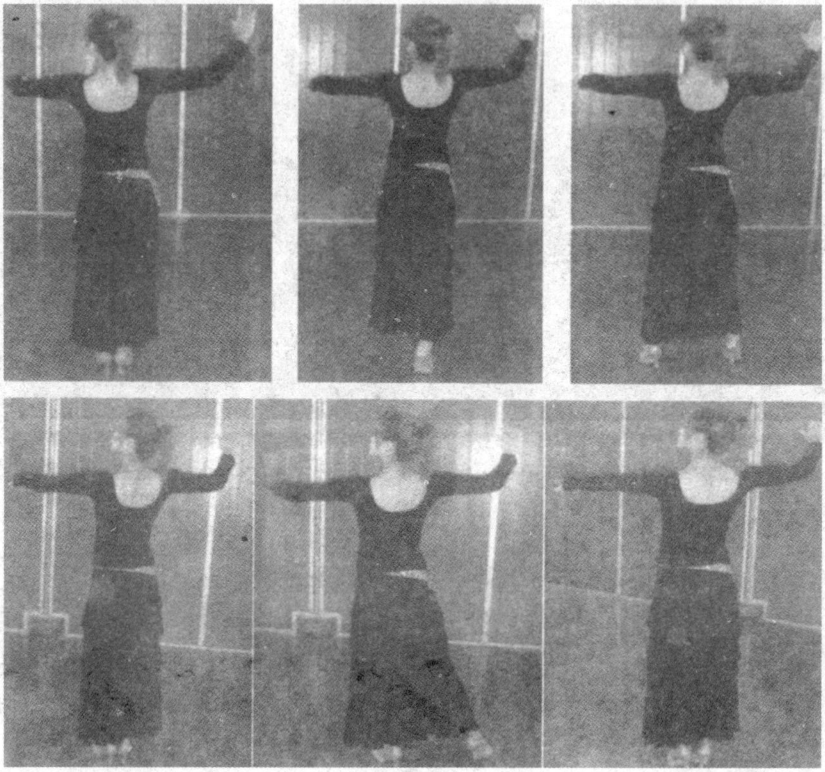

图 4 - 40

（五）维也纳华尔兹（Viennese Waltz）

维也纳华尔兹起源于奥地利北部，它在交际舞中历史最为悠久，其风格是动作流畅、旋转性强，所以维也纳华尔兹又称快华尔兹。音乐所起的作用很大，著名的音乐大师所谱写的圆舞曲热烈而兴奋，使维也纳华尔兹锦上添花。

1. 右转预备步

男士：

步数	节奏	要领	脚法	方位	升降	转度	反身动作	倾斜
1	1	左脚后退	掌跟	面向斜中央	结尾保持上升	/	轻微	/
2	2	重心移至左脚 右脚稍后	全脚	面向斜中央	继续上升	/	/	/
3	3	左膝微屈下压 重心向右脚移动	跟掌	面向斜中央	保持上升结尾下降	/	/	/

女士：

步数	节奏	要领	脚法	方位	升降	转度	反身动作	倾斜
1	1	右脚前进	跟掌	背向斜中央	结尾开始上升	/	轻微	/
2	2	重心移至右脚	全脚	背向斜中央	继续上升	/	/	/
3	3	右腿屈膝下压重心开始向左脚移动	跟掌	背向斜中央	保持上升结尾下降	/	/	/

2. 右转换左转

男士：

步数	节奏	要领	脚法	方位	升降	转度	反身动作	倾斜
1	1	右脚前进	跟掌	面向斜中央	结尾开始上升	/	/	/
2	2	左脚横步	掌	面向斜中央	继续上升	/	/	/
3	3	右脚并于左脚	掌	面向斜中央	保持上升结尾下降	/	/	/

女士：

步数	节奏	要领	脚法	方位	升降	转度	反身动作	倾斜
1	1	左脚后退	掌跟	背向斜中央	结尾开始上升	/	/	/
2	2	右脚横步	掌	背向斜中央	继续上升	/	/	/
3	3	左脚并于右脚	掌	背向斜中央	保持上升结尾下降	/	/	/

第五节 体育舞蹈练习方法

除了常规的体育教学方法，如语言法、直观法、分解法、简化法、正误对比法之外，还有与之不同的一些方法。根据多年的实践及走访有关专家，总结为如下几种有效的方法，这些教学方法是根据体育舞蹈本身的特点而常采用的。

一、带领法

它指教师在讲授新的内容或复习课之前，采用背面示范，使学生在较短的时间内建立正确的动作概念，掌握其技巧，形成肌肉正确感觉。一般教法是边讲解边示范，要求教师示范准确，语音简练、易懂。例如：在学习伦巴的基本步时，脚法、身体重心的升降、屈膝发力、摆荡出脚的方向、路线、身体状态等，教师一定要逐步讲述使学生通过眼看、耳听、心想，练习体会正确的动作。在进行带领练习过程中，使学生能较熟练地完成某个动作，发现错误动作及时纠正。带领法适合于某个单元或小节动作教学。

二、示范与讲解法

在讲授某一新动作或纠正学生错误动作时，通常采用这种方法，使学生更加清楚动作的细节。示范时，教师的选位一定要适当，尤其对于初学者，教师要按照舞步规定的方向，向学生交代清楚运步的方法，在较复杂动作或舞步中，应采用慢速示范。纠正错误时，多采用对比示范。在各小节连接时，采用节奏示范。同时教师用语言讲述时，要说明动作要领、做法及要求，让学生记住口令和节奏。总之，教师运用示范讲解法，应帮助学生把握和感知体育舞蹈过程中各种具体形象，诱导学生的动作想象，善于运用对比、比喻、夸张等手段，使学生掌握动作技巧。

三、意念教学法

人的意念指人脑中的一种思维现象，是人体神经传导的特殊反映形式。体育舞蹈教学是一门艺术性教学，它要求教师启发性地将自己的经历或感觉过的知识，如对舞蹈本身的理解、动作的领会、内心活动和情感需要等，讲授给学生，从而调动学生对动作的想象，提高学习的积极性。

四、电化教学法

通过观看国际、国内比赛的录像教材，有针对性地进行教学，若条件许可，则利用摄像机将训练课教学过程分阶段摄录，便于检查教学效果，使学生能够自己看到自己，从而纠正错误，达到教学目的。看录像可以激发学生学习的动机，引发其跃跃欲试的积极性。但是为了提高接收信息感的准确程度，要使学生知道看什么、怎么看、为什么看，带着问题有目的地去看。

总之，体育舞蹈教学方法很多，各种教学方法是相互联系的、密切配合的。教学的灵活运用，有利于教学效果。但是体育舞蹈教学在我国开展较晚，教学方法没有系统化，还需要不断创新。

第六节　体育舞蹈比赛规则

一、体育舞蹈基本规则

体育舞蹈比赛主要分为锦标赛、公开赛和邀请赛。一般比赛设裁判员 5 ~ 7 名，区域性比赛可设裁判 3 ~ 5 名，裁判人数必须是单数。

体育舞蹈的比赛场地一般为 23 米 × 15 米，运行方向原则上必须按照逆时针方向运行，交换舞程线时必须过中线。比赛分为预赛、复赛、半决赛和决赛，半决赛为淘汰赛，决赛为名次赛。根据参赛人数录取名次，通常录取前 6 名。

体育舞蹈比赛一般分为专业组和业余组。专业级比赛分公开级和新秀级，一般来说，在公开赛上获得过名次的选手不能参加新秀级的比赛；业余组的比赛分为公开级和新人级，在业余公开级获得名次的选手不能参加新人级的比赛。

业余选手比赛按年龄分为不同的组别：中年组——男 40 岁以上，女 30 岁以上；常青组——男 50 岁以上，女 45 岁以上；青年组——男、女 14 ~ 18 岁；少年组——男、女 14 岁以下。

体育舞蹈主要按照以下几个方面来评分：选手的基本技术为 40%，其中脚步动作、姿态、手臂稳定和移动各占 10%；对音乐的表现为 20%；对体育舞蹈风格的表现为 15%；体育舞蹈编排为 10%；临场表现为 10%；现场效果为 5%。

此外，根据规则要求，每个舞种都有各自的特定要求。

①华尔兹舞——要求足部运动正确，在前进或后退中能突出腿的推动。男女舞伴的身体必须保持重叠 2/3 并在移动过程中始终保持身体的接触。在移动过程中，必须强调身体的移动要流畅、连贯，在移动中身体起伏，表现出华尔兹的雍容华贵、荡漾起伏的风格。

图 4－41

②探戈舞——要求舞伴相握手臂屈肘的夹角应小于90°，身体重叠1/2，男女舞伴的接触从横膈膜到膝盖，即使在做难度动作时也不能分开，移动时应走弧线，动作强调顿感、挫感及内在的力度，体现探戈豪放潇洒的风格。

图4－42

③狐步舞——握持及身体的接触与华尔兹相同，应注意狐步的跟掌关系，要起伏平缓，跳出狐步的悠闲、轻松和流动感。

图4－43

④快步舞——握持及身体的接触与华尔兹相同，动作要协调一致，跳步时流动要轻快、流畅。

⑤维也纳华尔兹——握持及身体的接触与华尔兹相同，运动中身体应出现倾斜、升降和摆荡的特点，在左转退步时必须有锁步，动作雍容华贵并有轻快的流畅感。

⑥伦巴舞——音乐为 4/4 拍，音乐的第 2 拍为脚步的第 1 拍，重拍在第 4 拍。

图 4－44

⑦恰恰恰舞——步伐应利落、紧凑，舞蹈要求风趣、俏皮。

图 4－45

⑧牛仔舞——音乐为4/4拍，做动作时脚下要有重点，胯的运动为左右摇摆并与脚的重心相反，舞蹈要求活泼、自由。

图4－46

⑨桑巴舞——音乐为2/4拍，注重音乐的切分，步伐要有弹性并准确地运用胯关节前后左右的自然摇摆，舞蹈体现欢快、奔放的风格。

⑩斗牛舞——音乐为2/4拍，动作干净利索、有力度，要有西班牙斗牛士的阳刚之气。

图4－47

二、学习体育舞蹈价值

体育舞蹈具有很强的健身价值，参加这项运动会使人身心等多方面都会得到全面锻炼，从而产生有效的效果。国外一些学者在能量代谢方面对体育舞蹈进行了研究，从数据中得出："伦巴"和"牛仔"运动量接近和高于艺术体操和广播操；"狐步舞"运动量接近网球；"华尔兹"和"探戈"高于网球而接近羽毛球，"恰恰恰"和"快舞"运动量接近长跑。由此可见，体育舞蹈对人体锻炼价值不可忽视，长期练习可起到健美和减肥的作用。

1. 体育舞蹈对形体的作用

通过参加体育舞蹈锻炼，可以改善体态体型，使人的体态丰满匀称，使形体符合一定的健美标准。男生身体匀称，体格魁梧，四肢细长有力，形体呈楔形；女生身材苗条，腰部细小，胸围丰满，臀部上翘，四肢修长，形体呈曲线流畅，此起彼伏的波浪形状，显示出一种阴柔之美。因此，体育舞蹈锻炼，可以塑造出健美的形体和良好的体态。

图 4－48

2. 体育舞蹈对神经系统的作用

人的一切活动都是在神经系统的调节下进行的。坚持舞蹈锻炼，可使大脑的血液供应增强，脑功能的衰退过程减弱，从而保持脑细胞的活力，提高神经活动的强度、灵敏性和均衡性。体育舞蹈的动作多、风格各异，练习者在优美的伴曲下，尽情地享受着优雅的舞蹈，使人忘记烦恼、放松精神、心情舒畅，使人的神经得到充分的调节。

图 4－49

3. 适合各个年龄阶段的不同人群

舞蹈是一项老少皆宜的活动，对各个年龄段的人都有益处。对幼儿少年：可以强身健体，避免过度肥胖或瘦弱，可以克服不爱动、不爱说话、孤僻胆怯等弱点，从而培养孩子的自信、自强、坚毅、大胆、活泼的性格，从小就培养他们与人交往处事的社交能力。对年轻人：可以及早改善亚健康状况，缓解由工作、生活中的压力而造成的精神紧张、郁闷情绪，保持健美的身材和青春的活力。对中老年人：有效维护右脑，避免过早的脑萎缩，保持思维敏捷、腿脚灵活，预防和改善多种老年关节病、腰腿痛、老年痴呆病症，使人焕发青春、延年益寿。

图 4－50

第七节 体育舞蹈卫生保健

体育舞蹈是一项技术性强、艺术性高的运动，在比赛中，运动员不仅要展示舞蹈动作的力量美，而且还要表现出艺术动作的韵味感。这就要求他们对自己身体的各个关节、肌肉的控制达到炉火纯青的地步，为了达到这个要求，就必须通过大量的练习，从而不可避免地产生伤害。下面简单介绍几个，在体育舞蹈中常见的损伤部位和损伤性质，以及预防措施。

脊骨神经科医生指出，拉丁舞运动量大、节奏快，有特别多的弯腰、转身、托举等动作，也由于转变动作多，稍有一个不小心便容易受伤。另外，跳拉丁舞时女士的装束必须穿上高跟鞋，人处于不平衡的状态做幅度大的舞蹈动作，也增加了受伤的机会。男女的受伤部位各异，女的以脚部受伤为多，如脚底、脚后跟和膝盖。男士的重灾区包括臀部、腰部，因为要用力撑着女舞伴，施力的部分都较容易受伤，习舞一段时间之后，男士臀部的梨状肌会较多出现硬化，压着神经线，会衍生坐骨神经痛。

下面通过图表我们可以清楚地看出体育舞蹈易损伤部位。

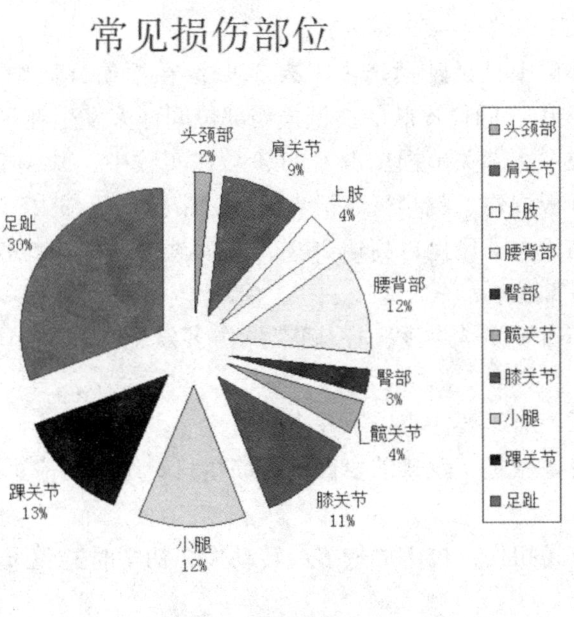

图 4 – 51

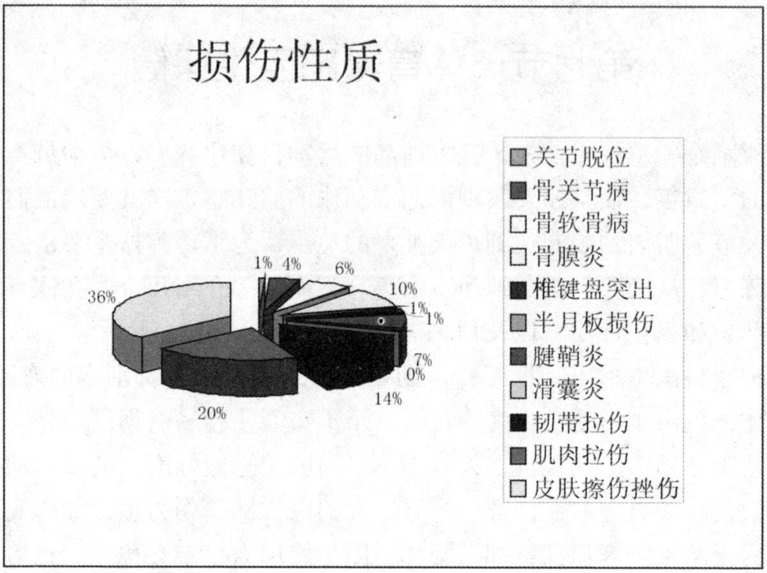

图 4－52

图片数据引用：于春阳，赵卉，胡声宇．国际体育舞蹈运动损伤的调查研究［J］．武汉体育学院学报，2005，39（4）：65－67.

通过图 4－51 和图 4－52 显示：

①在损伤部位中，足趾损伤占了有 30%；在损伤性质中，皮肤擦伤损伤占了 36%。在实践中，同样皮肤的擦拭损伤部位同样多发生在足趾部位。

②损伤部位中，膝关节损伤占了 11%。在实践中，膝关节多发生骨关节病、骨软骨病、半月板损伤、腱鞘炎、滑囊炎、韧带拉伤等损失。

③肌肉拉伤所占的比例也高达 20%。在实践中，肌肉拉伤多发生在腰背部、肩关节、小腿等部位。

④韧带拉伤占 14%。实践中，韧带拉伤多发生在肩关节、腰背部、踝关节等部位。

在学习舞蹈的时候要注意以下几点：

①舞前热身要做足：跳舞前要做足拉筋热身，练习后应进行伸展动作，有助减轻劳损。

②小心关节易扭伤：拉丁舞较多旋转动作，初学时避免过度摆动身体，以防扭伤身体关节。

图 4－53

③慎选拉丁跳舞鞋：初学者不要穿太高的高跟鞋，以防扭伤，宜先选鞋跟较矮的舞鞋练习。

④不要强行做高难度动作：一字马、高难度转身等，都要量力而为。

图 4－54

第八节　如何看懂体育舞蹈比赛

体育舞蹈是一种观赏性极高的舞蹈，它集运动的竞技性和表演的艺术性于一身。由于舞种的多样和竞赛规则的复杂，很多人在欣赏体育舞蹈比赛时可能会有这样那样的困惑，甚至看不懂比赛。究竟要了解哪些知识、掌握哪些规则才可以看懂体育舞蹈比赛，尽情徜徉在这片欢乐的海洋中呢？

一、赛前准备——了解各个舞蹈背景

如果你是一个“舞盲”，最好事先了解一下体育舞蹈十个舞种的文化背景。至少要知道体育舞蹈比赛分摩登和拉丁两大项，摩登舞包括华尔兹、狐步、探戈、维也纳华尔兹和快步，拉丁舞包括伦巴、恰恰、桑巴、斗牛和牛仔，对这十个舞种的起源和发展及其文化背景也应有一定的了解。看比赛的时候可以根据主持人的提示去分辨什么是恰恰、什么是桑巴，就算一时半会儿看不懂，也能套用先前了解的舞蹈常识去认识一下，感受不同舞种的风格特点以及它所独有的文化魅力。

图 4－55

二、根据评判标准

根据国际体育舞蹈联合会的裁判规则，裁判对选手的评判标准包括以下五个方面：

1. 时值和基本节奏

时值是指每一舞步的时间正好与音乐合拍。基本节奏是指舞步在规定时间内完成并且保持舞步之间正确的时间关系。选手的时值和基本节奏错误时，其该项舞蹈的所得分数必须是最低的。这种错误不能通过其在评判内容的第五项的良好表现来弥补。

图 4－56

2. 身体线条

身体线条是指两位选手作为一个整体，在移动中身体各部位构成的整体效果，应表现出优美的舞姿。其包括手臂、背部、肩部、胯部、腿部、颈部和头部线条以及左侧和右侧线条等。

图 4－57

3. 整体动作

裁判必须确定选手是否正确掌握该舞蹈的风格特点，并且评估选手动作起伏、倾斜和平衡。只有在控制和平衡掌握良好的情况下，动作幅度越大，得分越高。

图 4 – 58

4. 节奏表现力

裁判必须评估选手的舞蹈节奏表现力。这揭示出选手对舞蹈节奏的感受、理解与适应能力和在舞蹈中对音乐的理解与表现。但若表演与节奏不合，也要按第一项评判内容标准处理。

图 4 – 59

5. 步法技巧

裁判必须评估选手正确表现舞步的脚法，如每一步足着点是脚掌、脚跟或脚趾等，以及脚步移动的控制和表达力。

图 4－60

附　录

专业词语中英文对照表

体育舞蹈（Dancesport）

轮滑（Roller skating）

速度轮滑（Speed skating）

花样轮滑（Artistic roller skating）

轮滑球（Roller hockey）

极限轮滑（Aggressive skating）

刷街（Fitness skating）

自由式轮滑（Free skating）

速降（Down hill）

跳跃（Jump skating）

平地花式（Slalom skating）

轮滑篮球（Basket skating）

刹停技术（Slide skating）

分离式轮滑（Step－in skating）

牵引轮滑（Towed skating）

轮滑舞蹈（Dance skating）

越野轮滑（Off－road skating）

摩托轮滑（Motorized skating）

法国轮滑机器人（Robot skating）

动物轮滑（Animal skating）

滑板（skateboard）

板面（deck）

沙（griptape）

桥（truck）

滑板轮（wheel）

轴承（bearing）

护具（protective clothing）

头盔（heltnet）

护膝（kneecap）

护腕（护肘）（cuff）

手套（gloves）

滑板鞋（shoes）

滑板服装（clothes）

背包（bug）

街头滑板（street skateboard）

U 池滑板（extreme skateboard）

自由式滑板（free skateboard）

公路（速度）滑板（speed skateboard）

山地滑板（mountain skateboard）

障碍滑板（slalom skateboard）

动物也疯狂（animal skateboard）

手指滑板（Finger Skate Board，简称 FSB）

活力板（Snake board）

体育舞蹈（Dance sport）

国际标准舞（International Standard）

摩登舞（Ballroom Dance）

拉丁舞（Latin Dance）

华尔兹（Waltz）

探戈（Tango）

孤步舞（Slow Foxtrot）

快步舞（Quick Step）

维也纳华尔兹（Viennese Waltz）

伦巴 (Rumba)

恰恰恰 (Cha Cha Cha)

牛仔舞 (Jive)

桑巴舞 (Samba)

斗牛舞 (Paso Doble)

参考文献

［1］周建林，胡玉芹，张耀光．轮滑［M］．福建科技出版社，2008.

［2］卫章．轮滑［M］．成都时代出版社，2008.

［3］贾焕亮，李金勇．体育与健康［M］．武汉大学出版社，2008.

［4］张立．运动场地设施管理与维护［M］．中国劳动社会保障出版社，2005.

［5］赵雷．极限运动［M］．中国社会出版社，2009.

［6］邓立平．轮滑［M］．厦门大学出版社，2006.

［7］晓华．轮滑高手之路——时尚物语［M］．中国宇航出版社，2006.

［8］李瑶章．轮滑运动——体育爱好者丛书（新版）［M］．人民体育出版社，1999.

［9］刘仁辉，戴登文．速度轮滑［M］．人民体育出版社，2004.

［10］康斯坦斯·劳尔泽斯．滑板——美国国家地理极限运动系列［M］．李万全，译．中国青年出版社，2004.

［11］吉林体育学院阳光体育运动丛书编写组．滑板［M］．吉林出版集团有限责任公司，2008.

［12］樊更生．体育舞蹈摩登舞基础教程［M］．北京体育大学出版社，2004.

［13］徐雄杰．国际体育舞蹈教程［M］．中国科学技术大学出版社，2007.

［14］张瑞林．体育舞蹈［M］．高等教育出版社，2005.

［15］伏宇军．华尔兹——规范社交舞教程［M］．人民体育出版社，2004.

［16］梁学军，董海业．体育与健康［M］．化学工业出版社，2005.

［17］易学，冉清泉．健美操与体育舞蹈［M］．西南师范大学出版社，2006.